O QUE É QUE NÓS NÃO FAZEMOS

POR AMOR!?

O QUE É QUE NÓS NÃO FAZEMOS POR AMOR!?

Texto e ilustrações
ILENE BECKERMAN

Tradução
IDA BOAVIDA

EDITORIAL BIZÂNCIO
LISBOA, 1999

Titulo original: What We Do for Love
© Ilene Beckerman, 1997
e Algonquin Books of Chapel Hill/Workman Publishing Company, New York
1.ª edição portuguesa: Fevereiro de 1999
2.ª edição: Abril de 1999
3.ª edição: Julho de 1999
4.ª edição: Setembro de 1999
Revisão: Eda Lyra
Capa: Laranja Mecânica
Fotocomposição e paginação: Espaço 2 Gráfico
Impressão e acabamentos: Garrido artes gráficas - Alpiarça
Depósito legal n.º 135 722/99
ISBN: 972-53-0043-2
Todos os direitos, para a publicação
desta obra em Portugal, reservados por
Editorial Bizâncio, Lda.
Largo Luís Chaves, 11-11A, 1600-487 Lisboa
Tel.: 755 02 28 / Fax: 752 00 72

Dedicado a
Frank Sinatra,
Burt Lancaster,
e
Stanley

NOTA DA AUTORA

Levei muito tempo a perceber que os homens não são nem heróis, nem vilões: são apenas pessoas. Foi por essa razão que retratei os homens do meu passado como seres ambivalentes. Também alterei nomes e elementos de identificação para proteger a sua privacidade. Mas tudo o resto que escrevi é verdade, em particular no que se refere à dificuldade de encontrar o amor.

Amo-te. Amo-te desde a primeira vez que te vi.
Acho que te amava mesmo antes de conhecer-te.

Montgomery Clift a Elizabeth Taylor
in *Um Lugar ao Sol*, 1951

QUANDO ERA MIÚDA, todas as pessoas dos filmes que via encontravam o verdadeiro amor. Mas, na vida real, até a Elizabeth Taylor, a Debbie Reynolds e a Ingrid Bergman tiveram dificuldade em encontrar o verdadeiro amor.

O sr. Certo acabava sempre por ser o sr. Errado.
O mesmo acontecia comigo.

Por um lado, procurava o amor eterno e a pessoa quase
perfeita para se deitar ao meu lado, apesar de a minha avó me
ter dito um dia: «Pára de procurar o Príncipe Encantado, a
Cinderela já o caçou».

Por outro lado, nunca me considerei suficientemente
bonita nem suficientemente autoconfiante para pensar que um
homem pudesse sentir-se atraído por mim a partir do momento
em que me visse sem maquilhagem.

Quando penso em tudo o que fiz por amor, nem sei se
hei-de rir ou chorar.

CAPÍTULO 1

FOI EM 1950. Tinha quinze anos e estava apaixonada pelo Frank Sinatra. O Frank estava apaixonado pela Ava Gardner. Ainda nem se tinham casado e já estavam com grandes problemas. Os meus grandes problemas ainda estavam por começar. Até essa altura, já tinha estado várias vezes apaixonada, mas foi nesse Verão que me apaixonei pelo Jeffrey. O Jeffrey tinha dezasseis anos e eu nunca tinha visto um rapaz tão bonito como ele, tinha até melhor aparência do que o Montgomery Clift. O Jeffrey gostava da minha melhor amiga, a Dora. Quando a Dora deixou de gostar dele, ele começou a virar-se para mim, apesar de eu ser tímida, nunca falar e não ser tão bonita como a Dora.

Nesse Verão, eu estava a trabalhar como empregada de mesa num acampamento em Port Jervis, Nova Iorque. Era o terceiro Verão que os meus avós me mandavam para lá. Desde que a minha mãe morrera e o meu pai se fora embora, no Verão, não sabiam o que fazer comigo. O Jeffrey era monitor-júnior de um acampamento de luxo do Maine que tinha equitação e ténis. Fiquei admirada quando me mandou um postal:

QUERIDA GIN
O ACAMPAMENTO É FIXE, MAS QUEM ME DERA QUE ESTIVESSES AQUI. TODAS AS MINHAS MEIAS ESTÃO SUJAS.
JEFF

GINGY EDELSTEIN
CAMP LEJWIN
PT. JERVIS, NY
EMPREGADA DE MESA

Não me importei com o comentário sobre as meias. Era tão bonito que até lhas podia ter lavado.

Respondi ao seu postal com um postal. Levei dois dias a pensar no que dizer-lhe e horas a treinar a minha caligrafia para que ficasse apresentável. O Jeffrey não respondeu.

Como eu frequentava uma escola secundária só para raparigas, era difícil arranjar namorados. A Dora foi para um colégio privado misto — e tinha imensos.

Chegou o Outono. Um sábado à tarde, o Jeffrey telefonou-
-me para perguntar se, à noite, queria ir ao cinema com ele.
Fomos a uma sessão dupla na rua 72. O filme *Algemas de
Cristal*, com a Jane Wyman e o Kirk Douglas, passava
juntamente com um Western.
Tive esperança que fôssemos para o segundo-balcão.
De qualquer das maneiras, não ia pôr os óculos. Beijámo-nos
longamente durante metade do filme e ao longo de todo o
Western. Mal conseguia acreditar na sorte que tinha por estar
com um rapaz tão bonito como o Jeffrey.

Depois dos filmes, o Jeffrey acompanhou-me a casa.
Quando se despediu, fez a coisa mais romântica que podia ter
feito: beijou-me a mão. No meu quarto, liguei a telefonia. Estava sempre
sintonizada na WNEW, pronta para o Martin Block e «The
Milkman's Matinee». O Martin Block também adorava o Frank
Sinatra. Deitada na cama, fiquei a ouvir o Sinatra cantar «Too
Marvelous for Words». Pensei no Jeffrey e em cortar a franja e
em deixar crescer o cabelo como o da Jane Wyman no filme.
Outubro, Novembro e Dezembro foram uns meses
aborrecidos. Não arranjei ninguém com quem sair na noite do
Ano Novo. Mas o meu horóscopo do *New York Mirror* dizia que
eu ia ter sorte no novo ano — e tive. O Jeffrey telefonou-me
às nove da noite do dia 6 de Janeiro. Disse que precisava de
ver-me.

Os meus avós tinham uma papelaria e nós vivíamos por
cima. O apartamento deles ocupava todo o andar que ficava
por cima da loja. Eu tinha um pequeno quarto num outro
andar. Não foi difícil esgueirar-me.

O Jeffrey encontrou-se comigo no patamar de baixo, onde
o meu avô empilhava os jornais do domingo. Escondemo-nos
atrás dos *Herald Tribunes* e dos *Journal Americans* e, de pé,
beijámo-nos longamente, durante cerca de hora e meia. Não
fomos apanhados. Mesmo antes de ir embora, beijou-me a mão.

Quando regressei ao quarto, agarrei na fotografia
autografada do Frank Sinatra — que trocara por três maços
vazios de Lucky Strike mais quinze cêntimos — e liguei a
telefonia. O Frank estava a cantar «Night and Day». Pensei que
ele devia sentir pela Ava o mesmo que eu sentia pelo Jeffrey.
Pus-me a cantar juntamente com ele «… no silêncio do meu
quarto solitário, penso em ti».

★ 15 ★

Só voltei a ter notícias do Jeffrey no dia 10 de Junho. Eu estava em casa da Dora, a ajudá-la a arranjar-se para ir a um baile estudantil com um rapaz de uma escola chique. Tentava enfiar-se num espartilho. Tinha descoberto na semana anterior o pó-de-arroz da Sara Lee.

O telefone tocou. Era o Jeffrey. Perguntou-lhe se já tinha alguma coisa que fazer nessa noite. A Dora disse-lhe que eu estava lá.

— Diz à Gingy que não volto para o acampamento. Agora vou para a Florida. Mando-lhe um postal.

Fiquei tão contente por o Jeffrey dizer que me ia escrever, que nem fiquei com muita inveja do vestido de baile da Dora.

Nesse Verão, tive de voltar a trabalhar como empregada de mesa no acampamento. No dia de folga, fui com uma amiga ver *Um Americano em Paris*. Fiquei contente por poder pôr os óculos. O Gene Kelly passou à frente do Montgomery Clift na lista das minhas estrelas do cinema preferidas. Pensei cortar o cabelo bastante curto e encaracolá-lo, como a Leslie Caron no filme.

Na última semana do acampamento, recebi finalmente um postal. Tinha uma fotografia de Miami Beach e dizia: «Estão cerca de 50 graus à sombra. Até breve. Um beijo, Jeff.»

Chegou o Outono. Tinha um namorado de quem não gostava, o Steve. Deixei-o dar-me um linguado enquanto pensava no Jeffrey.

A Dora disse-me que o Jeffrey lhe tinha telefonado. Fiquei com ciúmes, mas não lho disse. Telefonei várias vezes para casa dele, mas, como não era ele quem atendia, desliguei. Quanto mais ansiava pelo Jeffrey, mais deixava que o Steve avançasse comigo. Tive de comprar a base mais espessa que encontrei para camuflar os chupões no pescoço.

Eu e a Dora inventámos um código para que, quando estivéssemos a falar ao telefone, os seus pais e a minha avó não percebessem do que estávamos a falar.

O Código

Um: um beijo
Dois: linguados
Três: apalpanços acima da cintura
Quatro: apalpanços abaixo da cintura
Cinco: tudo

O três e o quatro, é claro, só se referiam à rapariga. Nunca pensámos em tocar NELE. Nunca passávamos do dois. Houve alguém que disse que a Joan Broady tinha feito cinco, mas nós não acreditámos. Uma vez, fiz três com o Steve, no segundo-balcão do RKO da rua 58, mas só por cima da minha camisola cor-de-rosa de angorá. Nunca contei à Dora.

Os meses passaram-se. No fim do período tive de apresentar um trabalho para a disciplina de Inglês sobre um autor de quem gostava. Fiz um trabalho sobre Dorothy Parker. Ela sabia exactamente como eu me sentia. Fui relendo *Um Telefonema*, sentada ao lado do telefone, à espera que o Jeffrey me ligasse.

Meu Deus, por favor, faz com que me telefone agora.
Meu querido Deus, faz com que me telefone agora.
Não Te peço mais nada, a sério que não peço. Não é
pedir muito. Meu Deus, para ti é uma coisinha de
nada. Meu Deus, é só uma coisinha tão pequenina.

Então, uma noite, o Jeffrey telefonou mesmo. Disse que ia
para a faculdade.

— Depois dizes qualquer coisa? — perguntei-lhe.

— Claro — respondeu.

Mandou-me este postal de Bowdoin:

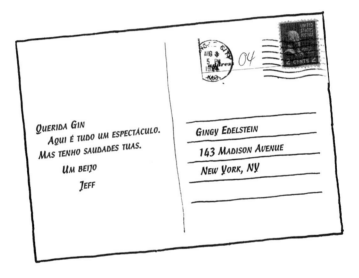

Quando chegou a minha altura de escolher uma
faculdade, quis ir para Bowdoin, mas arranjei uma bolsa de
estudos para uma pequena escola de Boston — uma vez mais,
um estabelecimento só para raparigas. A Dora disse-me que o

Jeffrey também ia ficar pela zona de Boston. Ia fazer o segundo ano da faculdade em Harvard. Queriam que fizesse parte da equipa. As minhas preces haviam sido ouvidas.

O Jeffrey telefonou-me no início das aulas e convidou-me para ir ao cinema. Quando me foi buscar ao dormitório, apercebi-me de que as minhas novas colegas ficaram com inveja ao ver-me sair com um rapaz tão bonito.

Fomos ver *Férias em Roma*. Achei que o Gregory Peck era mesmo *sexy*, mas, mesmo sem óculos, vi que as sobrancelhas da Audrey Hepburn eram demasiado espessas. Sentámo-nos no segundo-balcão e beijámo-nos longamente.

O Jeffrey começou a telefonar-me para sairmos nas noites de sexta-feira. Ao sábado à noite, ele jogava basquetebol. Eu aproveitava essa noite para tratar de mim — rapava as pernas, arranjava as unhas, experimentava penteados. Uma sexta-feira à noite, eu estava no quarto do Jeffrey, na Elliot House. Tínhamos estado aos beijos e depois ele disse que queria tomar um duche. Por mim, estava bem. Precisava de retocar a maquilhagem.

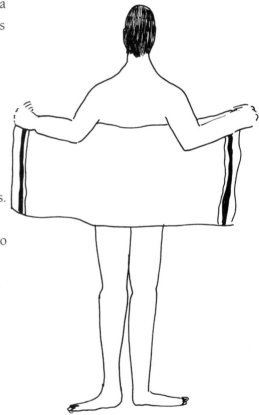

Precisamente quando estava a pôr a última camada de máscara Maybelline, o Jeffrey entrou no quarto, todo nu. *Todo nu!* Eu não tinha irmãos. Mal me conseguia lembrar da cara do meu pai. Acho que o meu avô nunca despiu sequer as ceroulas. Nunca tinha visto um rapaz nu. Tentei não olhar. O Jeffrey riu-se.

Já tinha visto partes de um pénis. Duas vezes. Uma vez, quando estava num cinema, um homem sentou-se ao meu lado. Começou a respirar de uma maneira esquisita e a contorcer-se. Mantive os olhos pregados no ecrã, mas ouvi-o a abrir o fecho-éclair. Sabia que ia acontecer algo mau. Nunca mais fui sozinha ao cinema.

Outra vez, estava numa carruagem de metro a abarrotar de gente, quando senti uma pessoa a esfregar-se contra mim. Não me consegui mexer até à paragem seguinte. De esguelha, vi o pénis, mas não vi a cara que andava de par com ele. A partir daí, comecei a poupar uma parte da mesada para táxis.

Uma noite, após uma das nossas saídas — pouco tempo depois de ter saído do duche todo nu —, o Jeffrey acompanhou-me ao dormitório. Não podíamos levar rapazes para o dormitório, por isso ficámos na rua. Era uma noite escura. Estávamos encostados à parede de um prédio, quando ele se ajoelhou e enfiou a cabeça e as mãos por baixo da minha saia. Fiquei com medo, mas deixei-o continuar.

No dia seguinte, mandou-me este bilhete:

NA NOITE PASSADA, SONHEI CONTIGO.
FOI UM SONHO MUITO BOM —
MAS MUITO CURTO.
JEFF

Escrevi à Dora. Ela estava no Sarah Lawrence.

---

23 de Outubro de 1954

Querida Dora,

Olá. Já lá vai um mês de aulas.

Estou a fazer Introdução à Sociologia e
loucamente apaixonada pelo professor. Toda a gente
acha que ele se parece com um macaco, mas eu acho-o
sexy. Ele costumava sair com uma aluna mais velha.

Ainda gostas do Jeffrey? Às vezes, convida-me
para ir ao cinema. Sei que gosta mais de ti do que
de mim, mas acredito na amizade acima de tudo — HA HA!

P.S. Estou com umas olheiras
deste tamanho ——>
Gingy

Em Boston, estava muito frio. Enregelava durante os
jogos de futebol — que nunca teria apreciado, mesmo que
pusesse os óculos ou estivesse quente. Parece que os rapazes

que vão para escolas com uma Ivy League nunca têm frio no Inverno. O Jeffrey atravessava o campo de Harvard vestido apenas com um casaco de *tweed*, a gravata flutuando ao vento por sobre o ombro.

Às vezes, passeávamos por Cambridge, de mãos dadas, sem falar, beijávamo-nos no limiar das portas. Outras vezes, jogávamos ao Rei da Montanha nos degraus da Widener Library. Ele ganhava sempre.

Durante as férias de Inverno, passeávamos em Nova Iorque, de mãos dadas, sem falar, beijávamo-nos no limiar das portas. Uma noite, partimos da Village, subimos a Quinta Avenida, passámos pelo Lord & Taylor e fomos até ao F. A.O. Schwartz, para ver as montras de Natal. O Jeffrey comprou-me castanhas e deu todos os trocos que tinha ao Pai Natal. Eu estava muito feliz, até me senti cristã.

CAPÍTULO 2

SEMPRE QUE SAÍAMOS, o Jeffrey implorava-me que fizesse «tudo». Uma noite, disse-me que não podia continuar a sair comigo, porque andarmos só aos beijos era-lhe demasiado doloroso. Eu não conhecia nenhuma rapariga que o tivesse feito. E até achava que nem saberia fazê-lo. Apesar de o amar tanto, tinha muito medo.

O Jeffrey disse que nos íamos encontrar pela última vez no Carnaval de Inverno de Dartmouth. Fomos até Hanover, com dois amigos dele que tinham carro. Como não tinha nada para dizer, fingi que dormia.

As raparigas não podiam entrar nos dormitórios de Dartmouth depois das cinco da tarde e, assim, algumas famílias de lavradores locais ganhavam dinheiro deixando os casais de namorados dormir em sua casa. O Jeffrey acompanhou-me até à casa onde eu ia ficar. Também lá estavam outras raparigas. Vi os seus elegantes vestidos, mas nunca as vi a elas.

Uma hora depois, o Jeffrey foi buscar-me para irmos a uma festa. Estava lá muita gente. O Jeffrey foi beber cerveja com os amigos de Dartmouth. Eu sentei-me no chão, ao lado de alguém que já tinha mais do que a sua conta, e fingi que me aborrecia. Passei o tempo a ir às diversas casas de banho para ter algo que fazer.

Depois de muito tempo, o Jeffrey disse que me ia levar de carro à casa onde era suposto eu ficar a dormir porque ia sair com os amigos. Eu disse-lhe que não queria dormir lá, que queria passar a noite com ele. Perguntou-me se tinha a certeza.

Regressámos ao dormitório dos seus amigos, mas havia um guarda à entrada. Vi uma pessoa atirar umas coisas por uma janela lateral — um anoraque, umas calças para a neve, botas e luvas. Enfiei essa roupa toda e puxei o capuz para cima, de modo a esconder-me a cara. O Jeffrey mandou-me tirar a maquilhagem. Limpei apenas um pouco do batom. Depois, no meio de um grupo de rapazes, passei pelo guarda.

O amigo do Jeffrey cedeu-nos o quarto. Deixei o Jeffrey fazê-lo nessa noite. Sabia que ele havia de saber o que fazer. Dissera-me muitas vezes que, desde a sua passagem pela Florida, já tinha estado com centenas de raparigas e mulheres. Dissera que nem sequer sabia os nomes de algumas delas.

Quando acabou, pensei: não tenho cuecas lavadas para pôr amanhã, mas não faz mal porque agora o Jeffrey ama-me.

Foi nessa altura que descobri uma coisa sobre as relações sexuais: a partir do momento em que fazemos alguma coisa, temos de continuar a fazê-la. No final do primeiro ano de faculdade, pensei que estava grávida. Disse ao Jeffrey. Ele disse-me que tinha de ir a qualquer lado e que tinha de sair de Boston.

Eu não sabia o que fazer. Todas as minhas amigas diziam que eram virgens. Tinha medo de contar à enfermeira da escola. Pensei que seria expulsa ou, pior ainda, que ela diria aos meus avós. Depois, lembrei-me do professor. No primeiro semestre, frequentara a sua cadeira de Introdução à Sociologia e, no segundo semestre, a sua cadeira sobre Casamento e Família. Achei que devia saber tanto da vida que podia confiar nele. Marquei uma entrevista com ele. Foi a decisão certa. Levou-me a um médico. Nem sequer estava grávida.

Se calhar, se eu fosse mais bonita, o Jeffrey não se tinha ido embora.

Se calhar, a minha avó tinha razão: «Quando um homem não consegue ficar com as calças vestidas, é porque tem a certeza de que te vai abandonar».

Capítulo 3

No Outono, quando regressei à faculdade, cruzei-me com o professor quando ele subia as escadas para a biblioteca e eu as descia. Sorriu-me e perguntou-me como fora o Verão.

— Bom — foi tudo o que eu disse.

O meu colégio organizava bailes umas quantas vezes por ano e convidava rapazes dos colégios de Boston das redondezas. As raparigas mais bonitas e mais populares nunca iam. Eu ia. Fiquei surpreendida ao ver o professor num desses bailes para conhecer pessoas. Com 1,93 m de altura, sobressaía. Eu meço 1,72 m, mas, nesses bailes para conhecer pessoas, usava geralmente sapatos baixos, pois iam sempre muitos rapazes baixos. Corri para o dormitório e calcei os sapatos com os saltos mais altos que tinha.

Pareceu-me que me olhou algumas vezes, mas fiz-me despercebida. Quando se levantou, caminhou na minha

direcção e parou à minha frente. Não consegui olhar para cima.

— Queres dançar? — perguntou.

Pousou-me a mão na cintura e puxou-me contra si.

Estava com um grande sorriso. Começámos a dançar um
fox-trot lento. Senti-me como a Ginger Rogers a dançar com o
Fred Astaire, só que em mais alto.

Na sexta-feira seguinte, encontrei este bilhete no quadro
das mensagens da faculdade:

> Querida Ilene,
>   Queres ir hoje ao Museu de Boston ver
> a exposição de John Marin? Vou passar o dia todo
> de um lado para o outro. Se quiseres, passa pelo
> meu gabinete o mais próximo possível da 1,45 h.
>   H

Fui ao seu gabinete à 1 hora e 44 minutos. Estive quase para
não ir porque estava com o período e com a cara cheia de borbulhas.
Mal disse uma palavra durante toda a tarde. Nem sequer sabia
como tratá-lo. Enquanto avançámos pela exposição, ele manteve-se
atrás de mim e forneceu-me todo o género de informações sobre
John Marin e aguarelas. Quando chegámos ao último quadro, ele
estava tão perto de mim que lhe senti o hálito de tabaco.

No dia seguinte, deixei-lhe em cima da secretária uma aguarela
que eu pintara com as impressões com que ficara sobre Marin.

É este o bilhete que ele me deixou:

Querida Ilene,
    O teu Marin é magnífico — uma combinação
maravilhosa de símbolos e de representação, uma
composição rica cuja integridade é conseguida com
uma admirável economia de meios.
    Tem algo tão espontâneo que até me custa a
crer que não seja um original. Se não tivesse estado
sempre com os olhos em cima de ti, até suspeitava
que tivesses escondido um quadro dentro do casaco.
                        H.

Não frequentava nenhuma das cadeiras do professor. O seu gabinete ficava mesmo ao lado da entrada principal e ele deixava sempre a porta aberta. Quando achava que estava com bom aspecto, passava lá em frente o máximo de vezes que podia, mas não olhava para dentro. Quando a minha cara estava um desastre, dava a volta e entrava por outra porta.

Passaram-se algumas semanas e nada aconteceu. Perguntei-me com quem andaria o Jeff. Um sábado à noite, estava eu no dormitório a jogar com outra rapariga que também não tinha com quem sair, quando o intercomunicador deu sinal de vida. Era um telefonema para mim. Fui ao átrio onde se encontrava o telefone, disse «Está lá» e reconheci a voz do professor.

    — Apetece-te vir dançar comigo uma noite destas? — perguntou.

— Sim — foi tudo o que eu disse.

— Óptimo. Vou buscar-te às sete na próxima sexta-feira.
Não comas. Jantamos os dois.

Não tinha grande vontade de dizer às minhas amigas que
ia sair com o professor. Achavam-no esquisito.

Toda a gente sabia que ele saía com alunas. Só com as
mais velhas. Só com as altas. Em geral, com louras naturais. Eu
não era das mais velhas e, recentemente, tinha pintado o cabelo
tão escuro como o da Elizabeth Taylor.

Uma rapariga do meu dormitório tinha visto uma actuação
do professor num espectáculo de dança moderna, em Cambridge.
Contara-me que ele executara uma dança com um grande caixote
do lixo. Entrou no caixote do lixo, espetou o pé, o braço, a cabeça
e depois entrou e saiu diversas vezes lá de dentro. Durante todo o
liceu, tive aulas de dança no New Dance Group da rua 59. Achava
que as suas coreografias eram o máximo.

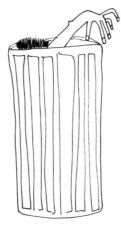

Toda a gente ria dele porque era muito alto e magro e,
quando estava a dar aulas, sentava-se de pernas cruzadas sobre
a secretária.

Eu achava-o bonito. Tão bonito como o Rex Harrison, o
Abraham Lincoln e o Arthur Miller (mas com melhor aparência
do que o Arthur Miller). O cabelo grisalho não me incomodava.

Tinha umas mãos muito bonitas e uns dedos longos que
davam a impressão de que tocava piano. Mas não tocava.

Na noite em que saímos, tentei pôr um ar sofisticado. Transformei o meu rabo de cavalo numa banana como a da Grace Kelly. Pedi emprestada a uma rapariga do meu dormitório uma écharpe preta de crepe, pus uns brincos com uns pendentes de pérola, montes de Shalimar, saltos de dez centímetros e às seis estava pronta.

Às sete, a campainha tocou.

— Está ali um homem à tua espera — gritou ao telefone a rapariga que estava de serviço. As minhas amigas correram para o átrio para ver quem era e regressaram ao dormitório a rir à gargalhada. Achei que só se estavam a desforrar porque ainda estavam com inveja do Jeffrey. Mal podia esperar por entrar no Dodge azul-escuro do professor.

No carro, não falámos. Fomos a um restaurante onde se podia dançar, chamado Meadows, em Framingham, a cerca de vinte minutos de carro de Boston. Ainda tenho uma caixa de fósforos de lá.

Para uma noite de sábado, não estava muito cheio. Pediu um martini e perguntou-me o que queria tomar. Em geral, eu pedia um brandy alexander. Mas achei que não era uma bebida suficientemente sofisticada.

— Um daiquiri, por favor. — A Patricia Neal bebia daiquiris em *Vontade Indómita*.

Fiquei contente quando nos levantámos, porque já não precisava de falar. O vocalista tentou cantar «Embraceable You» como o Sinatra. Até usava um laço.

Quando o empregado nos perguntou o que íamos comer, pedi o mesmo que ele — costeletas de porco. Nunca tinha provado. A minha avó não me deixava.

Pediu mais bebidas, acabou o maço de cigarros e começou a fumar dos meus. Fumávamos os dois Pall Mall. Foi muito galante e eu corei várias vezes. Via-se bem que estava satisfeito. Regressámos ao dormitório um pouco antes da meia-noite, a minha hora do recolher. Exactamente quando eu ia abrir a porta do carro, debruçou-se sobre mim e puxou-me contra si. Não gostei do seu hálito a martini/cigarro. A sua mão fez-me uma festa na cabeça, depois na cara e depois desceu para a parte da frente do meu vestido. Agora sabia o que o Sinatra queria dizer quando cantava sobre arrepios que lhe subiam pela coluna vertebral.

Começámos a sair regularmente. Era sempre o professor quem fazia os planos. Comíamos em Chinatown, víamos filmes estrangeiros no Brattle Theater de Cambridge, íamos a concertos no Symphony Hall. Até aí, eu nunca tinha ouvido uma orquestra sinfónica ao vivo. Nem ouvido a sua cantora favorita, Elizabeth Schwartzkopf. Na maior parte das vezes, íamos simplesmente para o seu apartamento de duas assoalhadas, na Avenida Massachusetts, em Cambridge. Ele corrigia testes e eu fazia os meus trabalhos.

Continuava a não conseguir chamá-lo pelo nome próprio. Não sabia qual era a razão por que continuava a convidar-me para sair. Uma noite, perguntei-lhe.

— És muito original e mais atraente do que pensas — respondeu, — ou do que eu mereço.

Corei. Nunca ninguém me tinha elogiado assim.

Durante bastante tempo, não voltou a tocar-me. Uma noite, estávamos nós no seu apartamento e ele estivera a beber. Sorriu-me por cima dos óculos, aproximou-se do sofá, pegou em mim e levou-me para o quarto. Beijou-me. Despiu-me. A seguir, estava deitado ao meu lado, na cama. A seguir, estava em cima de mim.

Terminou rapidamente. O professor disse que eram horas de eu regressar ao dormitório. Vesti-me. Quando fui para a sala, ele estava a ler.

— Acabei agora mesmo de ler isto — disse. O livro era uma peça de teatro de Robert Anderson, *Tea and Sympathy*.

Voltou à última página e leu: — Daqui a anos... quando falares sobre isto... vais ser ... amável.

Capítulo 4

Já tinha quase deixado de pensar no Jeffrey, razão por que fiquei surpreendida ao encontrar um envelope dele na minha caixa de correio do dormitório. No seu interior, encontrava-se um poema de amor com imensos adjectivos. Harvard transformara-o em Robert Browning.

Perguntei-me se teria posto o envelope na minha caixa de correio por engano — mas fiquei com ele.

Uma amiga minha disse-me que tinha visto o Jeffrey numa festa, com uma rapariga que estava toda pendurada em cima dele.

Na semana seguinte, chegou uma carta que terminava assim: «De cada vez que o telefone toca, não posso fazer mais do que rezar para que sejas tu. Penso constantemente em ti. Um dia, tem de acontecer.»

Passara anos a rezar para que o Jeffrey me dissesse estas palavras. Desejara-o por cada estrela cadente que vi, por cada fruto novo que comi, por cada osso de galinha que parti.

Porquê agora?

Perguntei-me se teria ouvido falar do professor.

CAPÍTULO 5

UMA NOITE, ESTAVA EU EM CASA DO PROFESSOR quando ele pousou o livro, me sorriu por cima dos óculos e perguntou:

— Quando é que casamos?

Não respondi. Nunca pensei que alguém quisesse casar comigo. Em particular, alguém como o professor. Anos atrás, o meu tio Larry disse-me que nunca ninguém havia de querer casar comigo porque eu quase nunca punha o aparelho para endireitar os dentes.

O professor nunca mais voltou a falar de casamento, mas, umas semanas depois, disse que tinha um amigo que era grossista de diamantes e que devíamos ir lá e escolher um. Marcou uma entrevista para um determinado dia e hora.

Escolhi um solitário de um quilate, engastado em platina.

Disse às minhas amigas do dormitório que ia casar com o

professor. As minhas duas melhores amigas perguntaram-me se tinha a certeza de que era isso que queria fazer. As outras raparigas fizeram-me imensas perguntas. Não lhes respondi. Estava com medo de dizer aos meus avós. Eu tinha vinte anos e o professor trinta e sete. Lauren Bacall tinha vinte anos e o Bogart quarenta e cinco quando casaram; a Mia Farrow tinha vinte anos e o Sinatra cinquenta quando casaram. Mas nem a Lauren nem a Mia eram netas de Harry e Lillie Goldberg.

O professor também não era judeu. Estava metida numa alhada!

Fui adiando o dia em que teria de contar aos meus avós, mas o professor disse-me que tinha de fazê-lo. Escrevi uma carta. O meu avô telefonou-me e disse-me que eu estava a matar a minha avó. A minha avó não quis falar ao telefone. Eu só queria era desligar.

No final do meu segundo ano, casámos em casa de um amigo do professor, em Dobbs Ferry, Nova Iorque. O professor era católico porque foi baptizado, mas nunca frequentou a igreja. Disse que tinha mais afinidades com as crenças éticas do judaísmo. Os meus avós não ficaram impressionados.

Ele tinha um amigo que era rabi em Westport, no Connecticut, e que realizou o serviço. O rabi fez as orações em hebreu, o professor respondeu em inglês.

— Através de este anel, estás agora casada comigo segundo a lei de Moisés e de Israel.

Perguntei-me o que estaríamos nós a fazer ali. A minha avó foi ao casamento. O meu avô não. Tanto me fazia. Não houve comida. Apenas um bolo de casamento com um sino ao alto e champagne.

Nessa noite, regressámos ao seu apartamento de Cambridge. No carro, perguntei-me como é que as coisas tinham avançado tão rapidamente. Não me senti casada, mas perguntei-me também como é que costumavam sentir-se as pessoas casadas. Nos filmes, quando a Doris Day caçava finalmente o Rock Hudson, não parava de sorrir.

No dia seguinte, fui ao dormitório buscar as minhas coisas. Só tinha roupas e livros, por isso um táxi bastou. O meu marido disse-me que podia levar o seu carro, mas eu não sabia conduzir. Tinha mandado fazer mais uma chave do apartamento e esvaziara um armário. Encontrei este bilhete quando regressei do dormitório:

Ma chérie
    Quando chegares e recuperares do
desapontamento de ver que a secretária não foi
mudada, faz-me o favor de telefonar para o meu
gabinete para que eu te diga quais são as
perspectivas, alegrias e penas, frustrações e
ínfimas coisas a ser concretizadas hoje. Também
vou regressar rapidamente.

                                    H.

Nessa semana, recebi uma carta do Jeffrey. Dizia: «Tu és o único objecto que consegui tocar com todos os meus sentimentos. Não penses que não vou lutar por ele.» Escondi a carta na minha gaveta da roupa interior.

Comecei a gostar de estar casada. Não tinha de pensar em arranjar alguém com quem sair nem tinha de andar a brincar com as minhas amigas quando não tinha ninguém com quem sair. As colegas que nunca se haviam mostrado amáveis comigo começaram a cumprimentar-me. Todos os professores sabiam o meu nome.

Gostava de estar com o professor. Parecia sempre à-vontade. Sabia sempre o que fazer e o que dizer.

Era a pessoa mais elegante que eu conhecia. Até em casa era elegante. Tinha uma pequena fotografia de Proust na secretária. Eu tinha a minha fotografia autografada do Sinatra na gaveta da roupa interior, juntamente com os meus outros segredos.

Os pequenos-almoços do fim-de-semana eram feitos de salsichas e ovos e Yeats e Wallace Stevens. O seu poema preferido do Wallace Stevens era o «Domingo de manhã».

Lia em voz alta com grande emoção, pronunciando cada palavra como se fosse uma prenda que tivesse escolhido especialmente para mim.

> *Prazeres de robe e um tardio*
> *Café e laranjas numa cadeira ao sol,*
> *E a verde liberdade de uma catatua*
> *Sobre um tapete misturam-se para dissipar*
> *A sagrada quietude do antigo sacrifício.*

Não fazia ideia do que tratava o poema. Se mo tivesse perguntado, não teria sabido responder.

Rimbaud, Baudelaire e Rilke partilhavam os nossos jantares. Às vezes, via-lhe lágrimas nos olhos quando lia em francês ou em alemão.

Incitava-me a ler. C.P. Snow, Kingsley Amis, Henry Green.

— Vais gostar muito de Isak Dinesen — garantiu-me. Henry Higgins refez Eliza Doolittle. F. Scott Fitzgerald refez Sheila Graham. O professor estava a refazer-me.

Ensinou-me a fazer carne de porco assada — à moda da sua mãe —, a fazer Sauerbraten — à maneira alemã —, a moer o café — à maneira francesa — e a utilizar a sua máquina de espresso — à maneira italiana.

Disse-me por que é que o uísque escocês era a melhor bebida, o Johnnie Walker Black Label a segunda melhor bebida e o martini seco a terceira.

Ensinou-me a conduzir. E depois pagou-me aulas de condução.

Sem gastar muito dinheiro, mudámos a decoração do seu apartamento. Ele ganhava cerca de cinco mil dólares por ano e agora tinha de sustentar-me. Cortámos umas gravuras de Utamaro e Klee dos seus livros de arte e pendurámo-las na parede, sem

moldura, na sala de estar. Para fazer uma mesa de café, comprámos madeira num ferro-velho e pernas de metal numa loja de ferragens. Para tornar a sala mais luminosa, comprámos um tecido cor-de-laranja para cobrir o seu sofá preto de orelhas e o banquinho para os pés. Não tínhamos televisão. Ele disse que não precisávamos. Tinha uma boa estereofonia.

   Estávamos a estabelecer uma rotina de casados. Líamos todos os dias o *Christian Science Monitor.* Todas as noites ouvíamos uma mulher com um sotaque britânico ler o noticiário numa estação de rádio de Cambridge. Ele jogava squash todos os sábados à tarde com o seu amigo Joe, e a mulher do Joe preparava sempre para o jantar um estufado à base de brócolos e de ovos cozidos. Adoravam esse estufado.

Inevitavelmente, o professor e o Joe começavam a falar de política. O professor tinha uma verdadeira paixão por Adlai Stevenson. Achava que ser-se acusado de intelectual era o elogio supremo. O Joe era um republicano eisenhowerista. Começavam a dizer piadas sobre as eleições que se aproximavam. Quanto mais bebiam, mais vermelha se tornava a cara do professor e mais potente se tornava a sua voz. Começava a andar de um lado para o outro, gesticulava selvaticamente e começava a entornar o martini. Acabavam sempre a rir à gargalhada, a preparar mais martinis, mais amigos do que nunca. Eu não conseguia perceber. Sempre que os meus avós discutiam e gritavam um com um outro, nunca acabavam a rir à gargalhada.

Uma noite, eu e o professor vimos o Stevenson em carne e osso. Tínhamos ido a um rali no Boston Garden. A excitação foi imensa, toda a gente gritou e aplaudiu quando o Stevenson se levantou para falar. Foi muito emocionante. Depois do rali, telefonei para o seu quartel-general, em Boston, e ofereci-me para trabalhar para ele, e eles mandaram-me para Alston — onde tinha como missão enviar propaganda aos eleitores. Só fui uma vez.

Também íamos muito ao cinema. Tínhamos um acordo. Por cada filme que ele escolhia, eu podia escolher o seguinte.

Pelos seus *Morangos Silvestres* de Ingmar Bergman, escolhi a Audrey Hepburn e o Gary Cooper em *Ariane*.

Pelo seu *Os Sete Samurais* de Kurosawa, escolhi a Leslie Caron e o Fred Astaire em *O Papá das Pernas Altas*.

Pelo seu *A Estrada* de Federico Fellini, escolhi a Audrey Hepburn e o Fred Astaire em *Cinderela em Paris*.

Sempre gostei de ver como os filmes ingénuos agiam sobre as pessoas mais velhas.

Leslie   Fred   Audrey   Eu

O professor tinha muitos amigos. Eram quase todos professores de Harvard (o professor graduara-se em Harvard). Reuniam-se frequentemente para conversar e beber. De vez em quando, um deles tentava integrar-me na conversa, mas depressa se desinteressava.

Quando se reuniam, a minha única participação consistia em afastar a mão do dr. Alan Hawthorne da minha coxa, de cada vez que se sentava ao meu lado.

Tinha ciúmes de algumas das mulheres dos amigos do professor — ainda por cima nem eram muito bonitas, mas sabiam sempre o que dizer e, nas festas, encostavam-se sempre muito a ele enquanto dançavam. A minha avó disse-me uma vez: «Com um pouco de charme, nem precisas de parecer-te com a Hedy Lamarr».

CAPÍTULO 6

A DORA DISSE-ME QUE O JEFFREY se alistou na Marinha quando acabou a licenciatura, em Harvard. Foi por isso que fiquei admirada quando me pareceu vê-lo perto da escadaria principal, numa altura em que eu saía da faculdade, já ao fim da tarde. Estava com o período e a minha cara estava cheia de borbulhas, razão pela qual comecei a dar meia volta para voltar para dentro. Demasiado tarde. Tinha-me visto.

— Gin — chamou. — Ou será que devo chamar-te pelo
nome de casada? — Fiquei calada, a olhar para o chão. — Por
que é que fizeste isso? — Não respondi.

— Daqui a pouco tenho de regressar ao barco. Vou
escrever-te. Tenho a tua morada. Porta-te bem. — Deu-me um
beijo na bochecha, depois outro na mão e foi-se embora.
Vestido com o uniforme, estava mais bonito do que nunca.

O que me fez lembrar que, ao longo de várias semanas,
depois de o meu pai se ter ido embora, o vi encostado a uma porta
à espera que eu passasse a caminho da escola. Nunca soube o que
dizer-lhe a partir do momento em que me chamou pelo nome.

CAPÍTULO 7

O PROFESSOR TINHA O HÁBITO de ir buscar o correio e levá-lo para cima. Em geral, não havia nada para mim, mas, um dia, vi em cima da mesa uma carta que me era dirigida. Reconheci imediatamente a caligrafia. Era do Jeffrey. Perguntei-me se o professor saberia. Tudo o que me disse foi: «Pus em cima da mesa uma carta que é para ti».

A carta tinha duas páginas e falava das suas tarefas a bordo e do tempo na costa oriental africana. Nem sequer falava de mim. Eu tão pouco ia guardá-la.

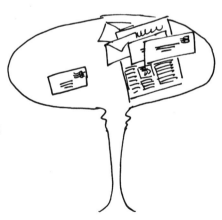

Continuei a receber cartas do Jeffrey, vindas de todas as partes do mundo. O professor deixava-as sempre em cima da mesa, dizendo: «Chegou outra carta do teu amigo». Em quase todas as cartas, o Jeffrey falava da vida na marinha. Eu ficava sempre desiludida. Acabou por chegar uma carta que dizia: «Um dia havemos de ficar juntos». Tudo o que eu queria era acreditar nele, apesar de saber que o não podia fazer.

Ainda tinha os meus LPs do Sinatra, mas não os ouvia muito. A Elisabeth Schwartzkopf tinha prioridade. Quando acabei de ler a carta, pus um disco do Sinatra. Como o professor não estava em casa, pus o volume no máximo.

O PROFESSOR GOSTAVA que eu andasse nua pelo apartamento. Eu tinha perfeita consciência das partes más do meu corpo, mas queria agradar-lhe. Até deixava de ler para me

olhar enquanto eu preparava o jantar, fazia as limpezas ou os trabalhos da faculdade.

Quando tínhamos relações sexuais, gostava que eu vestisse um espartilho e que ficasse de meias e saltos altos. Quando bebia demasiado, apagava-se antes de acabar.

Eu escrevia bilhetes de amor ao professor e enfiava-lhos nos bolsos, na secretária, na pasta. Nunca se lhes referiu.

A Dora escreveu-me a contar que uma rapariga que conhecemos no liceu — e que casou ao mesmo tempo que eu — estava grávida. Perguntei ao professor se, um dia, podíamos ter um filho.

— Nunca conseguiria ser pai — disse. — E se eu morresse com o meu filho ainda jovem? Essa ideia é-me insuportável. — Depois saiu da sala. Disse-me uma vez que tinha doze anos quando o pai morreu.

Nunca mais voltei a tocar no assunto, mas pensava nele. Estava ocupada com a escola e tentava cultivar a amizade com algumas raparigas. O que era difícil porque este tipo de encontro não se podia sobrepor com os que ele marcava.

De cada vez que estava muito decepcionada com a minha relação com o professor, fantasiava com as histórias amorosas de outras pessoas.

Eu era a Garbo no papel de Anna Karenina, vestida com um longo casaco preto debruado a pele, e, tremendo, implorava ao Vronsky que não me abandonasse.

— Anna, tu és a minha vida — dizia ele. — Devias sabê-lo desde o princípio —. Era o nosso destino.

Ou então era a Garbo no papel de Camille e murmurava ao Frederic March: «Deixa-me amar-te; deixa-me viver para ti; é tudo o que peço a Deus — senão Deus pode zangar-se». Deus zangou-se.

Ou então era a Merle Oberon, agarrada ao Heathcliff. E ele chorava: «Cathy, Cathy, tu matas-me. Não tens o direito de acabar com o nosso amor». Com um ramo de urze nos braços, eu respondia-lhe: «Heathcliff, faz com que o mundo acabe agora. Faz com que tudo pare, fique quieto e nunca mais volte a mover-se. Faz com que nunca mudemos... Sou tua, Heathcliff. Nunca serei de mais ninguém». E, depois, morria.

Era a Ingrid Bergman com o Bogart, em *Casablanca,* e o
Sam estava ao piano a tocar «As Time Goes by». Depois partia
de avião com o Paul Henreid.

Uma tarde, cheguei a casa mais cedo do que de costume.
O professor ainda não estava em casa. Vi uma carta em cima da
sua secretária e li-a.

> Querida Ilene,
>   Tenho receado escrever esta carta.
> É inevitável que eu duvide da sensatez dos meus
> actos durante os próximos tempos. É possível
> que passe o resto da minha vida a lamentar a
> minha estupidez.
>   Mas não posso continuar a viver contigo...

A carta acabava a meio da página.

Saí do apartamento, a correr. Não tinha lado nenhum
para onde ir. Sentei-me no banco de uma paragem de
autocarros da Avenida Massachusetts, até ao escurecer.

Quando regressei ao apartamento, vi luz sob a porta. Estava em casa. Fiquei à porta, a roer as peles das unhas. À espera de algo, que algo acontecesse. A mulher que vivia no apartamento ao lado saiu para ir deitar fora o lixo. Não queria falar com ela, por isso abri a porta.

Estava sentado na sua cadeira predilecta, com uma bebida numa mão, um livro na outra.

— Leste a carta que estava na minha secretária — disse. — Lamento que a tenhas lido. Ainda não estava preparado para mandá-la.

Não queria ouvi-lo. Comecei a chorar.

O professor levantou-se da sua cadeira, deu-me a sua bebida. Preparou outra bebida para ele, depois acendeu um cigarro para si, outro para mim, tal como o Paul Henreid fizera com a Bette Davis em *A Estranha Passageira*.

Disse-me que há catorze anos que andava a fazer psicanálise e que estava a fazer progressos. O nosso casamento tinha sido uma ideia do seu psicanalista. O seu psicanalista dissera-lhe que eu não era uma ameaça. Mas, segundo o professor e o seu analista, parecia que o casamento não estava a funcionar. Ele disse-me que, é claro, eu continuava a atraí-lo muito.

— É apenas um erro — disse, — apenas um erro. Tem sido tão difícil para mim como para ti. O melhor é irmos deitar-nos.

Nessa noite, dormiu bem afastado de mim, mas não me importei. Estava outra vez na sua cama. As lágrimas e o uísque haviam-me cansado muito.

Durante as semanas seguintes, as coisas voltaram à normalidade. Comemos costeletas de porco, fomos ao cinema e ele jogou squash. Até tivemos relações sexuais mais vezes do que de costume. Mas de cada vez demoravam menos tempo.

Outras vezes, quando ele tinha bebido demasiado, as relações sexuais não resultavam. Sempre pensei que a culpa fosse minha. Ele virava-se simplesmente para o outro lado e adormecia. Habituei-me a ver as suas longas costas.

Para me bacharelar, tinha de fazer um programa prático/teórico; candidatei-me e fui aceite em Nova Iorque. Sabia que o professor tinha de dar aulas e que não podia ir comigo.

— Se pudesse — perguntei-lhe uma noite, — vinha comigo?

— Na realidade, anseio ficar sozinho durante este período.

Eu ia ficar com a Dora, que era agora actriz e tinha um apartamento no centro da cidade. No domingo, apanhei uma camioneta da Trailways até à cidade e comecei o programa na segunda-feira. O professor telefonou-me no domingo à noite para saber se chegara, na segunda-feira para saber como era o trabalho — e depois todas as outras noites. Era impossível ter sido mais simpático, mais divertido ou mais encorajador. Começava a esquecer-me de tudo o que me fizera sofrer.

No dia que precedeu o meu regresso a Boston, recebi esta carta:

Querida Ilene
    Não faz sentido continuar a adiar escrever-
-te. É-me impossível pedir-te que voltes para mim
e tenho de resolver a minha presente ansiedade
através de um divórcio. Lamento imensamente; os
meus problemas internos assustam-me mortalmente e
fazem-me sentir culpado; o meu interior está em
convulsão; mas mantive-nos a nós os dois neste
triste estado durante tempo suficiente... demasiado
tempo.
    Não é possível mudar de ideias. De qualquer
tentativa da minha parte para prolongar este
período de indecisão só poderia resultar mais
infelicidade para ambos. É melhor que ambos
comecemos uma nova vida.
    Se voltar a escrever, será apenas para tratar
de coisas práticas. Por exemplo, muitas coisas
tuas continuam aqui.
    Não tenho palavras para dizer-te como me
sinto infeliz.
                          H.

A Dora foi passar fora o fim-de-semana. Reli a carta várias vezes, apesar de a saber de cor depois de a ler pela segunda vez.

Encontrei uma garrafa de sherry quase cheia e uma garrafa de vodka fechada. Com grandes tragos, esvaziei a garrafa de sherry, fui para a casa de banho e comecei a retalhar os pulsos com a gilette que a Dora usava para rapar as pernas.

Tentei fazer golpes fundos, mas a lâmina estava embotada e
cheia de pêlos.

O sherry fez-me náuseas. Tentei vomitar, mas só tinha
convulsões no estômago. Sentei-me e apoiei a cabeça na retrete.
Devo ter desmaiado.

Horas mais tarde, acordei e limpei o sangue seco dos
meus pulsos. Apesar de os cortes serem superficiais, tive de
usar blusas de manga comprida durante várias semanas.

C A P Í T U L O 9

IR AO PSIQUIATRA, era uma coisa rara em 1957. Como não tinha dinheiro, fui a uma clínica do Hospital Presbiteriano de Columbia, esperando que me enviassem a um médico que me tratasse gratuitamente.

Deram-me o nome de três médicos. Nenhum deles me tratava gratuitamente. Apanhei uma camioneta da Trailways que me levou de volta a Boston e fui directamente ao Hospital Geral de Massachusetts. Talvez andassem à procura de voluntários para fazer psicanálise. Mas, para consultar gratuitamente um psiquiatra, tive que inscrever-me na ala de psiquiatria.

Para ser admitida, tive que começar por contar a minha história a uma pessoa da assistência social, depois a um médico da admissão, depois ao psiquiatra do piso e depois ao psiquiatra que me foi atribuído. De cada vez que contei a história, acrescentei mais pormenores, a fim de ser admitida.

Uma enfermeira perguntou-me se os meus sapatos tinham atacadores, se trazia um cinto, se tinha comigo uma pinça para arrancar pêlos, tesoura, fósforos, lâmina, espelho ou canivete. Depois pediu-me as jóias. Dei-lhe o anel de noivado e a aliança e tirei das orelhas os brincos de prata. Disse-me que podia usar a minha roupa. Puseram-me numa ala para pessoas não-violentas. A ala para os violentos ficava ao fundo do corredor e tinha uma porta diferente, com uma pequena janela com grades. Alguém me disse que, de cada vez que a campainha soava, era porque havia problema na ala dos violentos. A campainha tocava poucas vezes, mas, quando isso acontecia, as enfermeiras calcorreavam rapidamente o corredor. Lembrei-me de um dos amigos do professor, que era tão brilhante que teve de levar um tratamento de choques eléctricos.

Conheci algumas raparigas na minha ala, mas não soube qual a razão por que se encontravam lá. Não tinham um ar muito diferente das caloiras do meu dormitório.

Eu tinha autorização para utilizar o telefone de moedas do corredor. Telefonei ao professor e disse-lhe onde estava.

— Fico tão contente por te estares a tratar.

Não soube por que disse isso. Ele nem sequer soube dos meus pulsos.

De cada vez que estava com o meu psiquiatra, fazia-me imensas perguntas: de que género de filmes gostava, se tinha

passatempos, que livros lia. Penso que não era muito mais
velho do que eu. Parecia-se com aqueles homens com quem eu
não teria dançado num desses bailes para conhecer pessoas.
Havia lá uma sala de arte e de artesanato que estava
aberta umas horas por dia. Um dia, desenhei com lápis de
carvão algo que parecia um gárgula, mas rasguei-o de imediato.
O rosto era-me demasiado familiar.

Entregaram-me uma carta.

Querida Ilene,
        Neste momento, estou bêbedo... provavelmente
nunca teria conseguido escrever esta carta de
outra maneira.
        Por favor, não voltes ao apartamento. Andei
em Cambridge à procura de casa para ti e tomei a
liberdade de alugar-te um quarto na Rua Chauncy,
que, por agora, te pagarei. Junto envio a morada e
a chave.
        Quanto a mim, não sei o que me irá acontecer.
Apesar de toda a ironia e infelicidade, assino
sinceramente
                                Com amor,
                                H.

Mostrei a carta ao meu psiquiatra. Perguntou-me o que ia fazer. Eu fora para o hospital porque não sabia o que fazer. Depois de lá estar, sabia uma coisa que queria fazer: sair de lá!

Chegara à nossa ala uma mulher, vinda da ala dos violentos. Tinha uma grande ligadura em volta do pescoço. Alguém disse que tentara degolar-se. De cada vez que olhava para a ligadura do seu pescoço, lembrava-me da sensação da gilette nos meus pulsos. Quando ela tomava a refeição à minha mesa, não conseguia engolir.

Uma semana depois, tive alta no hospital. Desejaram-me boa-sorte.

Não tinha comunicado com o professor desde o momento em que recebera a sua carta, mas tinha a chave que me mandara do quarto na rua Chauncy. Fui lá. Era um lar para estudantes estrangeiros. Por mim estava bem, de qualquer maneira não me apetecia falar com ninguém.

Escrevi uma carta ao professor. Disse-lhe que estava zangada por ele me ter usado para os seus fins egoístas. Disse-lhe que perdera todo o amor, todo o respeito que sentira por ele. Não lhe disse que continuava a amá-lo.

Quando terminei, maquilhei-me, fui ao seu apartamento e pus a carta na nossa caixa para a correspondência. Tinha tido esperança que o seu carro estivesse no estacionamento. Não estava.

CAPÍTULO 10

Só TINHA FALTADO a três semanas de faculdade, sem contar com o programa prático/teórico. Os exames finais começavam em breve. Queria licenciar-me. Queria ficar perto do professor. Regressei à faculdade e disse aos meus professores que estivera doente. Eles deviam saber bem com que género de doença eu tinha estado — eram todos amigos do professor. As minhas amigas mantiveram-se longe de mim. Houve rumores. Não queria passar em frente do seu gabinete. Entrava pelas traseiras. Se o via, escondia-me. À noite, sentava-me ao lado do telefone, com o *Um Telefonema* de Dorothy Parker a rodopiar-me na cabeça. «Por favor, meu Deus, faz com que me telefone.» Desta vez, era o professor que eu queria que me telefonasse.

Passei nos exames com uma média de 10 valores, o suficiente para me licenciar. Não fui à cerimónia da licenciatura.

Como membro da faculdade, o professor ia estar no palanque.

Há já algum tempo que não contactava as pessoas da minha família. Deixaram de pagar-me as propinas. Como era mulher de um professor da faculdade, frequentava-a gratuitamente. Às vezes, quando telefonavam, o professor dizia que eu estava bem, mas que estava na biblioteca. Não os convidei para a cerimónia da licenciatura. Escrevi-lhes a dizer que a festa não era grande coisa.

Na tarde da cerimónia da licenciatura, apanhei uma camioneta da Trailways para Nova Iorque. A Dora disse-me que podia ficar uns tempos em casa dela. Tive sorte e arranjei logo um trabalho. Ganhava setenta dólares por semana.

A Dora passava o tempo a dizer-me que devia divorciar-me. Dizia-me que ainda era nova e que podia arranjar coisa melhor. Deu-me o nome de um advogado e fui falar com ele. Acordámos duas coisas: eu ganhava um divórcio e ele ganhava 500 dólares.

O professor não respondeu à primeira carta do advogado. O advogado voltou a escrever-lhe:

AGRADEÇO QUE ME COMUNIQUE COM A MÁXIMA URGÊNCIA SE OPTA POR UM ACORDO AMIGÁVEL OU POR UM DIVÓRCIO LITIGIOSO, DECIDIDO POR UM TRIBUNAL.

Recebi esta carta:

```
Querida Ilene,
    Por favor, diz ao teu advogado para acabar
com as ameaças. Quando pensares em mim, tenta não
ser demasiado dura comigo. Ainda não desesperei.
Apesar de saber que a minha indelicadeza,
provocada por uma confusão emocional, é difícil de
perdoar, continuo a amar-te.
    Penso que te estás a sair melhor do que eu. É
provável que me não consigas perdoar. Quem me dera
que conseguisses. Se não estiveres interessada ou,
pior, se me odiares, não te culpo.
    Sinto-me horrivelmente (mas sei que isso não
te interessa).
                                            H.
```

No dia 15 de Junho de 1958, dia do meu vigésimo terceiro aniversário, apanhei um avião para o México a fim de divorciar-me.

Nunca devia ter esperado que uma pessoa tão elegante como o professor tivesse intenções sérias comigo.

Uma vez, ouvi a minha avó dizer a alguém: «O F.D.R. não ficou com a Eleanor porque ela beijava muito bem».

Capítulo 11

A Dora manteve-se em contacto com o Jeffrey. Ele disse-lhe que ia para a faculdade de Direito, em Washington, D.C. Eu não lhe disse que ainda continuava apaixonada por ele. A Dora foi para Boston para fazer uma série de representações teatrais. Combinámos que eu podia ficar de graça no seu apartamento desde que tomasse conta do seu cão, Greco, um Doberman. Um dos meus deveres consistia em cozinhar-lhe rins — que eram uma das coisas mais malcheirosas do mundo.

O Greco fazia-me lembrar o Jeffrey. Cara grande, olhos de lince, pêlo escuro, corpo musculoso, sempre pronto a saltar sobre alguém. E nunca se sabia quando qualquer deles nos ia trair. Sempre houve histórias de pessoas que foram vistas pela última vez quando passeavam na praia os seus Dobermans.

Semanas depois, são encontrados ossos humanos. Uma coisa a
favor do Jeffrey: nunca tive de cozinhar-lhe rins.

Uma tarde, quando regressava do passeio com o Greco, vi
o Jeffrey encostado à porta da entrada. Pensei que estava à
espera da Dora. Era Verão. Estava bronzeado e muito bonito.

Disse que só precisava de ver-me. Depois foi-se embora.
Tive que controlar-me para não dar um pontapé no Greco.

Umas semanas mais tarde, telefonou-me para o trabalho.
Não sabia como ele tinha arranjado o número. Disse-me que tinha
um apartamento em Washington e que eu devia passar por lá.

Desde o divórcio que não tinha notícias do professor. Não
tinha namorado e, sem namorado, sentia que era nada. É
costume ter-se um namorado, mesmo que não se goste dele. Ou,
pelo menos, é costume sair com rapazes. Não somos ninguém
até que alguém nos ame. Eu até tinha o disco do Sinatra.

A Dora regressara de Boston, mas estava sempre em
audições. De qualquer das maneiras, eu não tinha nada a ver
com os seus amigos actores.

Uma sexta-feira, estava eu a dormir quando a campainha começou a tocar, sem parar. A Dora tinha saído. O Greco começou a ladrar. Eram cinco da manhã, ainda estava escuro. Fui ao intercomunicador e tartamudeei um «Quem é?»

— Jeffrey.

Apoiei o dedo no botão e deixei-o ficar lá.

Entrou no apartamento e disse apenas:

— Por que é que não estás em Washington? — Depois, os seus braços envolveram-me e começou a beijar-me. Desejei ter lavado os dentes. Desejei estar vestida com uma das excitantes camisas de noite da Dora e não com a minha, disforme.

Nesse dia, não fui trabalhar. Nem sequer lhes telefonei a dizer que não ia. Não lavei os dentes. Nem me maquilhei. Nem mudei de camisa de noite. Não precisava de camisa de noite. Nessa noite, quando o Jeffrey se foi embora, um odor familiar invadiu o apartamento — Greco.

No sábado, dormi até tarde. Não era preciso levar o Greco a passear. A campainha tocou ao fim da tarde. Pensei que era o Jeffrey. Era um paquete, com flores. O cartão dizia:

NÃO TE DEVIA MANDÁ-LAS. DAQUI A UM DIA ESTÃO
MURCHAS E VÃO PARA O LIXO E O QUE É QUE VAIS
PENSAR ENTÃO DE MIM?
SABE QUE TE AMO E QUE, DAQUI A DOIS MESES,
CONTINUAREI TÃO SÉRIO QUANTO AGORA.

SÊ CORAJOSA.   CONFIA EM MIM.
                                        J.

Umas semanas depois, estava eu na Avenida Madison,
dentro do autocarro que me levava do trabalho para casa,
quando olhei pela janela. Lá estava o Jeffrey a atravessar a rua 53,
de mão dada a uma pessoa. Se calhar foi apenas imaginação.

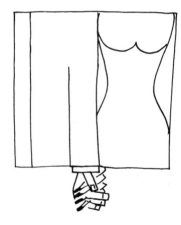

Continuei a receber cartas dele, em que me implorava que fosse para Washington. Para um apartamento só nosso. Sem cão.

Escrevi-lhe a dizer que ia para lá daí a umas duas semanas, quando tivesse regularizado as coisas no trabalho.

Escrevi-lhe isto em Janeiro, em Fevereiro, em Março, em Abril e em Maio.

Ele continuou a escrever-me.

Talvez fosse um novo Jeffrey. Talvez não tivesse de ser tão cautelosa.

Capítulo 12

No sábado, 15 de Junho, dia dos meus anos, apanhei uma camioneta da Trailways para Washington, D.C. O Jeff foi buscar-me à camioneta. Parecia não saber que era o dia do meu aniversário, por isso não lho disse.

Às oito e meia fomos a um concerto da Banda da Marinha dos EUA, no Potomac, perto de Watergate. Eram estas as minhas noites preferidas. Um calor de Tennessee Williams. As estrelas cintilavam sobre o Potomac. A orquestra tocou excertos de *Rhapsody in Blue* e de *West Side Story*. O Jeffrey deu-me a mão. Soube que tinha tomado a decisão certa ao ir para Washington. Segunda-feira, a primeira coisa a fazer era procurar trabalho.

Depois do concerto, regressámos ao seu apartamento. Olhei para os móveis, para os pratos, para a comida no frigorífico, para as roupas que estavam penduradas no armário,

para dentro do armário dos medicamentos. Nada me era
familiar.

O Jeffrey disse que estava cansado e fomos para a cama.
Mal deitou a cabeça na almofada, adormeceu. Eu estava inquieta.
Já não estava tão certa da minha decisão. Vi o céu mudar do
escuro para a cor da alvorada. No momento em que começava a
clarear, o Jeffrey aproximou-se de mim e chamou-me Carol.

Tive sorte por encontrar um táxi a uma hora tão matinal de domingo.

Capítulo 13

Na segunda-feira estava de volta à casa da Dora e de volta ao trabalho. À hora do almoço, telefonei para o Hospital Presbiteriano de Colúmbia para marcar uma consulta. Atribuíram-me um psiquiatra que ficava num elegante edifício com porteiro da 5ª Avenida, do outro lado do Museu Metropolitano de Arte. Disse que me recebia de quinze em quinze dias, setenta dólares por sessão. Disse que me fazia um desconto considerável, tendo em conta que a sua tarifa habitual era de 150 dólares. Cada sessão durava cinquenta minutos. Setenta dólares eram o meu salário de uma semana.

Ia à consulta, deitava-me num divã de cabedal castanho e não dizia palavra. O meu psiquiatra ficava sentado numa cadeira de cabedal preto, num sítio onde eu o não podia ver. Ele também não dizia nada.

Estava sempre a escrever num pequeno bloco de notas.
Não sabia sobre o que escrevia, pois não falávamos. Ao fim de
três sessões, só para justificar os setenta dólares, disse-lhe uma
coisa. Disse-lhe que estava muito infeliz e que não sabia o que
fazer com a minha vida.

Depois de um bocado, ele disse:

— Já alguma vez se tinha sentido assim?

Não sabia bem se queria responder-lhe. Não gostava dele.

— Sim, sempre me senti assim.

Nenhum de nós voltou a falar até ao fim da sessão.
Quando eu estava a sair, ele disse que tinha que adiar a sessão
seguinte porque ia estar fora. Não me importei. Com setenta
dólares comprava montes de sapatos. De qualquer maneira, os
sapatos iam fazer-me sentir melhor do que ele.

Mesmo assim, estava contente por ir ao psiquiatra.

Parecia que toda a gente tinha um. Ou um nutricionista. Mas pareceu-me que estava a fazer algo errado, porque *nada acontecia*, com a excepção de que começava a atrasar-me nos pagamentos. Não queria continuar. Não sabia se era por causa do dinheiro ou porque nada acontecia. Escrevi-lhe a dizer que não queria continuar. Ele respondeu-me.

P. HERBERT BOWMAN

SERVIÇOS PROFISSIONAIS: $490

7 entrevistas.

Compreendo que a sua actual situação financeira lhe não permita um pagamento a pronto. Gostava que me comunicasse o que tenciona fazer para resolver este assunto.

Duas semanas depois, voltei a ter notícias dele.

. HERBERT BOWMAN

SERVIÇOS PROFISSIONAIS: $480

7 entrevistas.

A sua proposta de pagamento não é satisfatória. Recebi apenas $10 da sua factura de $490.

P.H.B.

CAPÍTULO 14

DESISTI DE PROCURAR O AMOR e decidi concentrar-me no trabalho. Assim que entrava no escritório, era raro levantar-me da secretária. Como todos os meus colegas eram mais velhos do que eu, não me relacionava com nenhum deles. Eram muito simpáticos, mas não tínhamos nada em comum. Nem sequer viviam em Manhattan.

De vez em quando, apareciam pessoas da agência de publicidade. A publicidade parecia-me uma coisa maravilhosa desde que vira o Gregory Peck em *O Homem do Fato Cinzento*. Um dia, encontrava-se com eles um jovem em quem eu ainda não tinha reparado. Chamava-se Al. Eu tinha um tio, no lado errado da família, chamado Al, que usava anéis no dedo mindinho e sapatos

de crocodilo. Este Al não era assim. Era exactamente o oposto.
Perguntou-me se podia usar o meu telefone, apesar de haver
um telefone numa secretária vazia que se encontrava ao lado da
minha.

— Sim — respondi e levantei-me.

Quando voltou a aparecer, usou de novo o meu telefone,
depois olhou para o relógio e disse:

— Já almoçou? Quer vir lá abaixo comer uma sanduíche?
— Como estava completamente falida por causa do psiquiatra,
disse:

— Está bem.

Falámos sobre o que íamos encomendar, sobre o tempo e
sobre o que estávamos a comer.

Quando voltou ao escritório, perguntou: «Almoço?». Eu
respondi: «Está bem». Pouco depois começávamos a almoçar
juntos, mesmo nos dias em que ele não ia ao nosso escritório.
Continuávamos a não falar de grande coisa.

Finalmente, disse-me que tinha vinte e nove anos, que
era judeu e que vivia em Queens com os pais. Disse que o que
queria mesmo era ser artista. Fiquei surpreendida. Não tinha ar
de artista. Tinha estudado na Art Student's League, mas os seus
pais disseram que era mais importante para ele ganhar dinheiro
do que pintar, razão pela qual se tornara director artístico de
uma agência de publicidade.

Parecia que o Al não queria nada de mim. Nunca tentou sequer beijar-me. Só me pediu para, quando marcássemos algum encontro, eu aparecer. Houve duas vezes em que pura e simplesmente me esqueci. Ele telefonava sempre que prometia fazê-lo e aparecia sempre. Quando íamos ao cinema, eu punha os óculos. Começámos a sair para jantar. Ele não se importava que eu ficasse calada. Eu não me importava se ele não falasse. Falei--lhe do professor e do Jeffrey. Ficou zangado com a maneira como me trataram.

Aos domingos, passava por casa da Dora com o *New York Times* e bombons dinamarqueses comprados numa confeitaria especial em Queens. Às vezes, passávamos os três a tarde inteira a fazer as palavras cruzadas. Se eu e a Dora não estávamos vestidas para sair, ele até ia passear o Greco — apesar de eu saber que ele o não queria fazer.

— É a primeira vez que tenho um amigo rapaz — disse à Dora.

— Vai tratar muito bem de ti — disse ela. Eu não tinha pensado nele dessa maneira.

CAPÍTULO 15

CÁ VOU EU OUTRA VEZ, ouço de novo o som dessas trombetas, outra vez todo afogueado, vou tentar o amor. Essa canção do Sinatra atravessava-me o espírito quando me casei com o Al, na Primavera de 1959.

Talvez o Al não fosse o homem dos meus sonhos, mas achei que podíamos viver bem. E achava que era mesmo um artista de talento.

A sua mãe ficou muito desgostosa. Não queria que o seu filho único casasse com uma mulher que já fora casada. Uma mulher que não tinha pais que lhe pagassem um verdadeiro casamento. Quando o Al me contou isto, eu não sabia quem era essa «mulher». Depois percebi... estava a falar de mim! Ela pensou que eu ia casar com o filho porque ele tinha dez mil dólares no banco. De cada vez que estava perto dela, sentia-me como a Bette Davis em *Raposa Matreira*.

Foi um pequeno casamento e realizou-se no Centro
Judaico de Rego Park. Nem eu nem o Al vestimos verdadeiras
roupas de casamento, mas desta vez, quando o rabi nos pediu
para repetirmos: «Através de este anel, estás agora casado
comigo», ambos tínhamos lágrimas nos olhos.

Depois do casamento, regressámos à casa dos seus pais de
Forest Hills. Forest Hills era elegante, mas os seus pais não
viviam na parte elegante. Houve um bolo de casamento, mas
não tinham uma noiva e um noivo ao alto, como eu gostaria
que tivesse. Tinha outra vez um sino.

Pena que o meu avô não tenha vindo a este casamento.
Havia de ter gostado do arenque e dos pedaços de fígado.
A minha avó estava tão feliz que não parou de falar e deixou
passar as couves estufadas.

Não partimos em lua-de-mel, mas aproveitámos os dez mil dólares do Al para dar a entrada para uma casa em North Stamford, no Connecticut. Tínhamos decidido que não queríamos continuar a viver na cidade. Queríamos os dois constituir família — uma grande família —, o mais depressa possível. E o Al queria espaço para poder recomeçar a pintar.

A caminho de Stamford, depois da cerimónia, cantámos a nossa cantiga predilecta, «O Nosso Amor chegou para Ficar». Cada um desafinou mais do que o outro.

Engravidei e despedi-me do emprego.

CAPÍTULO 16

Eu E O MEU BEBÉ. Ligados.

O bebé dentro de mim. Só eu a envolver o bebé. Mais próximos do que duas pessoas poderão jamais está-lo. Mais próximos do que gémeos siameses. Os dois sem precisarmos de ninguém. Só um do outro.

E era eu que estava encarregada de tudo.

Fazíamos tudo juntos. Comíamos juntos. Primeiro, ligeiramente. Depois, com paixão. Bananas, Corn Flakes e leite. Queijo grelhado. Sanduíches de Ketchup em pão de forma de pacote. Pizza. Frango assado, frango frito, shop suey de frango, sopa de frango. Batatas assadas, batatas fritas, raviolis. Esparguete com almôndegas. Esparguete enlatado. Subitamente, ficávamos esfomeados, metíamo-nos no carro e íamos ao McDonald's. Acordávamos às três da manhã e devorávamos bolachas Oreo, batatas fritas Pringles, chocolates Mars e Cookies.

Dávamos grandes passeios juntos. Víamos televisão no sofá, deitados ao lado um do outro. Não precisávamos de mais ninguém.

Haveria na vida algo mais maravilhoso do que isto?

Capítulo 17

Ao fim de nove meses, eu e o Al tivemos o nosso bebé. Atrasou-se duas semanas. Eu não queria deixá-lo sair. O Al, que tinha cabelo escuro e olhos castanhos, ficou admirado com o cabelo louro e os olhos azuis da filha. Eu descobrira finalmente para que é que serviam as relações sexuais: para fazer bebés. E sabia o que era o verdadeiro amor: ter o nosso bebé nos braços.

Éramos felizes. O Al deixava-me bilhetes em cima da almofada. Mandava-me postais preciosos. Tratávamo-nos por alcunhas. Ele era o Becky, eu era a Boopey.

No ano seguinte, fiquei outra vez grávida. Tivemos um maravilhoso menino, a quem chamámos David.

Éramos uma verdadeira família. Todas as manhãs, eu levava o Al à estação na nossa carrinha Ford. Depois, regressava a casa e alimentava as crianças com comida para bebé Beech-Nut e Gerber. Brincavam no quarto de jogos enquanto eu puxava o lustro aos nossos electrodomésticos encastrados azul-turquesa. Quando as crianças faziam a sesta, eu lia o Livro do Mês. Quando acordavam, iam andar de baloiço para o pátio e eu observava-os ao mesmo tempo que tomava café, sentada à nossa mesa de madeira vermelha para os piqueniques. Às quatro e meia, começava a preparar o jantar e depois íamos à estação buscar o Al. Depois do jantar, o Al brincava com as crianças. Pelas nove e meia, estávamos todos cansados e prontos para ir para a cama. O nosso spaniel, Happy Sam, dormia aos pés da nossa cama.

Duas vezes por semana, íamos à mercearia. Uma vez por mês, íamos ao pediatra.

Ao fim-de-semana, o Al aparava a relva. Eu apanhava as ervas daninhas. Um fim-de-semana, plantámos uma locusta nas traseiras da casa, um grande feito para o Al, que cresceu em Queens, e para mim, que vinha do centro de Manhattan.

No dia 19 de Fevereiro de 1963, uma segunda-feira, as duas crianças apanharam um vírus intestinal. Vomitaram e tiveram diarreia durante todo o dia. O médico receitou-lhes *Kaopectate* e disse para não nos preocuparmos. A nossa filha de três anos começou a melhorar. Mas o David, de dezoito meses, não. Telefonámos muitas vezes ao médico. Ele disse que não era necessário vê-lo.

Nesse fim de tarde, o David começou a ficar azul.

Levámo-lo imediatamente às emergências. Disseram que estava desidratado. Internaram-no. Disseram-nos para irmos para casa com a nossa filha, para não nos preocuparmos e para telefonarmos na manhã seguinte.

O telefone tocou antes da manhã chegar. Era do hospital.

— O seu filho morreu — disseram.

CAPÍTULO 18

O FUNERAL REALIZOU-SE EM REGO PARK, na mesma rua do Centro Judaico onde nos havíamos casado. Eu estava grávida de seis meses do nosso terceiro filho. O meu obstetra tinha-me receitado uns comprimidos para aliviar a dor. Acho que não funcionaram. Recordo a imobilidade de tudo o que me rodeava e dos gritos na minha cabeça.

O serviço fúnebre não parecia real. Não podia ser. Vi uma pequena caixa branca sobre uma mesa e de cada lado dela um vaso com gladíolos cor-de-rosa. O meu filho estava dentro dessa caixa.

Lembro-me de ter estado numa sala assim quando tinha doze anos, quando a minha mãe morreu, só que ela estava numa caixa muito maior e castanha.

O rabi leu o Salmo 23 e disse palavras que eu não queria ouvir.

Antes da cerimónia, disse-lhes que queria que abrissem a caixa para eu poder olhar lá para dentro. Primeiro disseram que não.

Fiquei sozinha numa sala, com a caixa. Levantei a tampa e vi um maravilhoso manequim que se parecia com o David. Até estava vestido com as roupas novas do David — um macaco de bombazina azul que lhe comprara para uma festa que se realizava nessa semana.

Beijei o seu rosto frio e duro e pus dentro da caixa um brinquedo do David. Fiquei com a chave.

Uma pequena procissão dirigiu-se para o cemitério. Eu ia no carro da frente. Não sei quem mais ia no carro. Provavelmente o Al.

O buraco na terra era muito pequeno. Mais pequeno do que o que caváramos para plantar a locusta. Puseram a caixa no buraco e o David deixou de existir.

CAPÍTULO 19

O DAVID PARTIU. E o mesmo aconteceu ao que quer que seja que tenha existido entre o Al e eu. Não conseguíamos olhar-nos. Estávamos assolados pela dor e pela culpa.

Em casa, deixei as persianas fechadas durante meses. Sobressaltava-me de cada vez que o telefone tocava. Não falara ao telefone com ninguém desde o telefonema do hospital. Não havia ninguém com quem quisesse falar.

O novo bebé chegou. Uma menina pequenina. Não sabia se ainda me restava algo para dar-lhe, mas, quando agarrei nela, senti uma grande emoção.

Estava ocupada com as minhas duas filhas. O Al estava ocupado com o trabalho. Nunca mais voltámos a falar do David. Nunca mais voltámos a falar de qualquer coisa importante.

Eu só queria bebés. Continuei a engravidar. Seis vezes em sete anos. Mas só havia cinco crianças a correr pela casa.

CAPÍTULO 20

ADORAVA ESTAR GRÁVIDA. Adorava usar vestidos que pareciam tendas e não deixavam ver como estava gorda. Até adorava os meus obstetras. Que outro homem não se importaria — na realidade, preferia — que ficássemos ali deitadas passivamente, de pernas abertas?

Tinha vinte e quatro anos de idade e 336 horas de gravidez quando entrei no consultório do dr. Vastola, em Stamford.

Uma enfermeira levou-me até ao seu gabinete, onde esperei, roendo as peles dos dedos, até que a porta se abriu e ele entrou. Estava à espera de ver alguém que se parecesse com o Lionel Barrymore. O dr. Vastola era o retrato vivo de James Garner. Percebia agora a razão por que era tão recomendado.

Uma vez por mês, durante sete meses, e depois, uma vez por semana, durante quatro semanas, senti que era a mulher mais importante da sua vida. Não tínhamos segredos. Tudo o que eu tinha e que era privado, ele tocava-o, suavemente. Não queria nada em troca, salvo o pagamento imediato. Pensei que gostava de mim porque estava sempre a dar-me amostras grátis de supositórios vaginais.

Preocupava-se não só com a maneira como eu me sentia, como também com o que eu comia e com a maneira como dormia. Imaginava coisas com ele, entre as quais «brincar aos médicos». Eu ansiava pelo parto e pelo tempo que íamos passar juntos. Mas eram os anos 60 e as mulheres eram adormecidas durante o parto. Não vi o dr. Vastola até à manhã seguinte, quando foi ver como estavam as pacientes. Nessa altura, como já tinha parido, deixei de ser importante.

As minhas fantasias com o dr. Vastola foram relativamente curtas. Continuei a imaginar que começava a fazer amor comigo e que depois murmurava: «Huumm, o que é que temos aqui? Parece uma infecção. Tenho ali no gabinete, uma amostra de um novo supositório. Volto já.»

Quando nos mudámos para Nova Jérsia, o meu obstetra passou a ser o dr. Greenfeld. Podia ter sido o duplo de Walter Matthau, mas tinha os maneirismos do Groucho Marx. Quando me disse: «Minha querida, dispa as cuecas», em vez de ficar ofendida, ri-me. Só estava à espera que aparecesse a fumar um charuto na sala de parto e a berrar: «Diga a palavra secreta e leva um rapaz».

Durante o parto — foi em 1964, tínhamos de ficar acordadas —, manteve um monólogo constante: «Está a ir lindamente, minha linda. Você é maravilhosa. Dê-me um grande empurrão, agora. Que linda menina. Excelente.» Quando a cabeça do bebé saiu, gritou:

— L'Chaim! Graças a Deus, é parecida com a mãe! — Eu já estava prestes a dar o seu nome ao novo bebé: Seymour.

A sorte esteve connosco, foi uma menina.

CAPÍTULO 21

A MINHA VIDA COM O AL centrava-se 100 por cento nas crianças.

Havia sempre lágrimas a beijar, narizes para assoar, biberons para esterilizar, acessos de cólera a acalmar, luvas para encontrar, brinquedos para arranjar, atacadores para desatar, joelhos para tratar, lanches a preparar, discussões a acalmar.

À noite, quando as crianças iam para a cama, tinha roupa para lavar e para passar a ferro. O Al ia pintar para o quarto a que ele chamava o seu estúdio.

Os anos passaram rapidamente. Eu tinha uma paixão secreta por Mr. Rogers. Fazia-me sentir muito especial. Achava-o sensato e justo e sabia sempre o que fazer. Tinha a certeza de que se ele tivesse concorrido às eleições com Humphrey, havia de ter conseguido pôr fim à guerra do Vietname.

Eu sabia de cor «Won't You Be My Neighbor», mas a minha canção favorita era «It's You I Like».

É de ti que eu gosto,
Não das coisas que vestes,
Não da maneira como te penteias —
Mas é de ti que eu gosto.

Sentia que, independentemente do que eu fizesse, independentemente do ar com que estivesse, continuaria a ser meu amigo. Observava-o a descalçar os sapatos, a enfiar os ténis e a puxar para cima o fecho-éclair da camisola enquanto eu devorava uma caixa inteira de Sugar Pops.

Só podia observá-lo quando as crianças estavam fora de casa. Achavam-no chato. Gostavam de *The Partridge Family* e de *The Brady Bunch*.

Nem sequer podia ouvir a WNEW no carro. Também achavam que o Sinatra era chato. Não era como o David Cassidy.

O Al começara a pintar mais. A nossa casa cheirava sempre a fraldas sujas e a cocó de cão e a tinta de óleo e diluente. Mas, à

medida que as crianças foram crescendo, as suas telas foram-se
tornando mais pequenas. Edvard Munch devia ter gostado delas.

    Também começou a escrever um diário. Uma vez
deixou-o aberto. Li-o.

    Eu e o Al estávamos a viver como desconhecidos. Talvez
ambos esperássemos do outro algo que nenhum de nós sabia
como dar. Já nenhum de nós podia fazer o outro feliz.
Sabíamos que o desastre nos podia bater à porta em qualquer
dia soalheiro.

    À noite, ficava a pé até cada vez mais tarde para que ele
estivesse a dormir quando eu fosse para a cama. Sabia que
estava a ficar zangado, mas estava grata por nunca termos
falado do assunto.

    Estava cada vez mais deprimido, mais fechado. Eu
pensava que era por causa do David. Pensava que era por causa
de mim. Porque eu precisava de emagrecer. Porque roía as
peles das unhas. Porque fumava. Porque não cozinhava a
galinha da maneira que ele gostava.

CAPÍTULO 22

COMO AS CRIANÇAS PASSAVAM a maior parte do tempo na escola ou com os amigos, precisava de arranjar alguma coisa com que ocupar-me. Um trabalho a tempo parcial parecia ser a resposta. No trabalho, as coisas não corriam muito bem para o Al. Mais algum dinheiro ia ajudar.

Arranjei trabalho numa loja do centro comercial. Podia estar em casa à hora a que as crianças chegavam da escola. «Horário de mãe», era assim que lhe chamavam. Voltar a entrar no mundo dos adultos significava ter de recomeçar a rapar as pernas regularmente, a tratar do cabelo e a dar atenção às unhas e ao que vestia.

Tornei-me amiga de uma colega, a Sara. Ao fim de anos, era a primeira pessoa que não me conhecia como sendo a mulher do Al ou a mãe de alguém. A Sara tinha pouco mais de vinte anos, levava uma vida independente, tomava a pílula,

fumava erva regularmente e tinha relações sexuais sempre que lhe apetecia, sem complexos de culpa, com quem lhe apetecia. Disse-me que tencionava ter um filho, nunca casar, mudar-se para Jackson Hole, no Wyoming, e fazer joalharia.

Estávamos nos anos 70 e dei-me conta de que vivera a última década apenas em função dos meus filhos. Os hippies significavam apenas que as minhas filhas queriam furar as orelhas. Os *Flower children* significavam apenas que tingíamos T-shirts para a feira da escola. O Vietname significava apenas que as crianças acrescentavam sinais da paz aos seus desenhos.

Ouvi a notícia de que Kennedy fora assassinado quando estava a caminho do pediatra. Foi uma outra mãe, que estava numa sapataria Stride Rite, quem me disse que o Elvis morrera. Foi enquanto comprava aspirina St. Joseph's que o farmacêutico me disse que tinham encontrado o corpo da Marilyn. O mundo parecia estar tão confuso quanto o meu casamento.

Capítulo 23

Um dia, a minha vizinha Grace entrou na loja onde eu trabalhava, deitou-me uma olhadela e disse:

— Tens que fazer alguma coisa ao cabelo!

Fez-me uma marcação para o seu cabeleireiro, Mr. Philip, no Bonwit Teller, que ficava no centro comercial Short Hills. Era um centro comercial melhor do que aquele em que eu trabalhava. Os casos amorosos de certas mulheres da comunidade faziam parte do regular noticiário informativo que a Grace providenciava todas as manhãs, às nove, acompanhado de café e tostas de canela ao balcão da pastelaria. A Grace tinha mais notícias sensacionais do que Baskin-Robbins. Nunca suspeitei de que a mãe do Marty Howlett fizesse mais do que comprar sapatos ao Rick, no Rick's Shoe Box. Ou que o eterno sorriso no rosto do vendedor da loja de artigos fotográficos tivesse

menos a ver com fotografia do que com o que se estava a
passar entre ele e a mãe da Alison Sheridan.

A Grace quis o cabelo «curto, mas não demasiado curto».
Mr. Phillip arranjou-me um penteado com «risca ao meio,
pontas desbastadas à frente e, atrás, à pagem».

Incitada pela Grace, comecei a ir ao cabeleireiro uma vez
por semana, ao fim da tarde. Era relaxante. Gostava de Mr.
Phillip. Tinha boa aparência, do tipo da do Dean Martin.
Vestia-se como um vendedor Cadillacs e estava sempre a olhar-
-se ao espelho, rectificando qualquer pequeno pormenor.

Mr. Phillip tinha uma técnica muito própria. Dava-lhe
gorjetas exageradas. Quando a menina me estava a lavar a cabeça,
Mr. Phillip debruçava-se sobre mim e murmurava-me ao ouvido:

— Quer creme no cabelo? — Tinha a mania do creme.

Apesar de cada aplicação de creme
custar mais $1,75, comecei a usá-lo.

Sempre que Mr. Phillip me
punha uma toalha lavada sobre as
costas, as suas mãos ficavam a
repousar nos meus ombros por um
breve lapso de tempo a mais do que o
necessário. Comecei a ansiar por que
me mudasse a toalha.

Em geral, fazia de maneira a que

a minha marcação fosse a última de quinta-feira para poder dar
o jantar às crianças antes de sair. Uma quinta-feira, atrasei-me.
Mr. Phillip e eu éramos as únicas pessoas no salão e teve de ser
ele a lavar-me a cabeça. Não foi uma vulgar lavagem do cabelo.
Enquanto me massajava a cabeça e os ombros, só me perguntava
quanto mais custaria uma lavagem de cabelo erótica.

Quando chegou ao enxaguamento final, debruçou-se
sobre mim e perguntou:

— Quer?

Eu não estava certa de ele estar a falar do creme. Não
sabia se havia de sentir-me lisonjeada. Levou-me para uma
pequena sala das traseiras, cheia de frascos de Clairol. Assim
que se agarrou ao meu rabo, percebi que não me ia ensinar os
truques de beleza das estrelas de cinema. Ainda tinha o cabelo
molhado e a toalha em cima dos ombros quando corri para o
parque de estacionamento. Fiquei a saber que Mr. Phillip tinha
os genes de um gigolo. Apesar de ter lido *Medo de Voar*, não
tinha apetite sexual nos meus jeans.

Só queria esquecer essa experiência. Quando cheguei a
casa, cortei o cartão do Bonwit em bocados muito pequeninos e
nunca mais voltei a esse Bonwit — nem a qualquer outro
Bonwit —, nem sequer à loja de Nova Iorque, que era a que
tinha casacos a melhores preços.

C A P Í T U L O 2 4

Em casa, as coisas estavam muito tensas. O Al entrara em conflito com a agência para a qual trabalhava. Queriam que se fosse embora. Eu também queria que ele se fosse embora. De mim. Mas eu não tinha motivos para isso. Não bebia. Não andava por aí à solta. Nunca me bateu. Nunca levantou a voz.

Uma boa rapariga nunca acaba com um casamento só porque não é feliz. Os meus avós nunca tiveram sequer dez

minutos de felicidade ao longo dos seus cinquenta e cinco anos de casamento, mas nunca pensaram em divorciar-se.

Nos anos 70, a terapia de grupo era o máximo. O meu relacionamento com o Al e com o homem do creme para o cabelo fez-me pensar que talvez devesse fazer qualquer coisa, que talvez devesse tentar um grupo. Diziam que a terapia de grupo agia mais rapidamente do que a terapia tradicional. Eu estava a envelhecer. Estava com pressa.

Capítulo 25

Havia oito pessoas no meu grupo, mais o dr. Farkas, o terapeuta. Encontrávamo-nos ao sábado, às dez da manhã, e à quarta-feira, às seis da tarde, sempre para sessões de duas horas. Não podíamos fumar. Não suspeitei que esta ia acabar por ser a parte fácil.

Como era um grupo fixo, conhecíamo-nos uns aos outros. Havia um antigo alcoólico, uma vítima de incesto, um maníaco-depressivo, um homossexual às escondidas e uma mulher que pensei ser cleptomaníaca (razão por que eu mantinha o meu livro de bolso sempre debaixo de olho). Os outros três pareciam ainda menos felizes.

Houve outra mulher que começou ao mesmo tempo que eu. Começou a falar de imediato. Eu nunca disse nada.

Ao fim da terceira semana, um homem com quem

antipatizara logo de início, olhou para mim e
disse:

— Qual é o teu problema? Achas que
estás melhor do que nós? — Toda a gente
me olhava.

Senti a cara a arder. Precisava de ir
à casa de banho. A minha perna cruzada
começou a agitar-se
descontroladamente. Tive de reter as
lágrimas. Tinha de dizer qualquer
coisa.

Disse-lhes que era infeliz, mas que não sabia porquê.
Disse-lhes que o Al era muito bom, mas que queria deixá-lo.
Disse-lhes que o Al precisava de mim. Disse-lhes que as
crianças precisavam de mim. Disse-lhes que me queria ir
embora, mas que não podia. Disse-lhes que não sabia para
onde ir. Disse-lhes que estava tudo bem.

Falei-lhes do Jeffrey, do professor e do homem do creme.
Falei-lhes do David. Falei-lhes do meu pai.

Não conseguia parar. Achei que tinha de contar-lhes
tudo. Até lhes disse que me identificava com a Nina no
Estranho Interlúdio de Eugene O'Neill, a minha
peça preferida quando andava no liceu.

Comecei a recitar:

Os meus três homens!... Sinto o seu desejo convergir em mim!... para formar um desejo viril perfeitamente belo que eu absorvo... e sou um todo... dissolvem-se em mim, a sua vida é a minha vida... estou grávida dos três! marido!... amante!... pai!

Os meus três homens, disse-lhes, não eram marido, amante e pai, mas sim um insaciável femeeiro, um intelectual ambivalente e um atormentado artista.

Foi aí que aprendi que ficar calada não era a coisa pior. Fornecera ao grupo as munições de que precisavam para atacar. Cada um deles atingiu uma parte diferente. Começaram pela minha voz de bebé (A Jacqueline Kennedy não tinha uma voz de bebé? Eu pensava que sim) e passaram-me completamente em revista, até aos meus saltos altos de oito centímetros (Toda a gente quer ser mais alta, não é?). A única coisa em que foram unânimes foi quanto a eu não ser merecedora de compaixão.

Só consegui sobreviver dizendo-me que não era obrigada a regressar, que nunca mais teria de voltar a ver essas pessoas. Quando, finalmente, o dr. Farkas anunciou que a sessão tinha acabado, corri para a casa de banho, depois para o meu carro e dirigi-me para o centro comercial. Talvez conseguisse esquecer as duas últimas horas na secção de sapataria do Bloomingdale.

Três dias mais tarde, revoltei-me. Não queria que «essas pessoas» ficassem a pensar que me tinham aniquilado. O dr. Farkas estava sempre a dizer: «Mudem os vossos actos e os vossos sentimentos vão mudar». Regressei. Durante três anos.

Soube que estava a mudar quando, uma noite, consegui dizer a verdade ao Al: que não queria continuar casada com ele. Não precisou de dizer nada. Vi tudo nos seus olhos.

Precisei de toda a minha coragem para falar com ele, mas depois voltou tudo à normalidade. Era a última coisa que esperava que acontecesse.

As coisas nunca aconteciam como eu esperava.

Anos depois, a minha amiga Dotty disse-me que as pessoas infelizes são as pessoas que têm expectativas que não são realizadas. Quando eu era mais nova, não sabia que quando se tem uma boa amiga, não se precisa de terapeuta.

CAPÍTULO 26

A VIDA CONTINUOU como se eu não tivesse dito nada ao Al. Lavava-lhe a roupa. Ele preparava o pequeno-almoço às crianças a fim de que eu pudesse dormir um pouco mais antes de ir trabalhar. Parecia tão simples dar a entender que não havia problemas.

Passaram-se meses. Nunca discutimos. Nunca nos abraçámos. Nunca tivemos relações sexuais. Eu estava à espera que uma bomba de retardador explodisse, mas não sabia qual de nós dois ia explodir primeiro.

«Mais vale estarmos sós do que com alguém que nos faz sentir sós.» A minha avó sabia.

CAPÍTULO 27

Os PETERSONS VIVIAM na rua acima da nossa, na melhor casa das redondezas. Eram o casal perfeito. Bastava olhar-se para o seu relvado para se saber que eram perfeitos. Até tinham uma pequena cerca branca, por onde trepavam rosas, para esconder os caixotes do lixo.

Às vezes, os filhos deles brincavam com os meus. Eu limpava sempre a casa primeiro.

Uma vez, estava eu atrás de Mrs. Peterson, na bicha para a caixa do Shop Rite. Procurei as coisas que ela não comprava: nem Entenman's, nem Popo-Tarts, nem pizza congelada. Todas as coisas que eu tinha no meu carrinho.

O seu cabelo nunca frisava. O batom estava sempre impecável. Nunca tinha borbulhas. Os seus filhos eram populares, apesar de estarem sempre elegantemente vestidos e de não terem autorização para vadiar pelo centro comercial. E ela tinha o marido perfeito — um médico com muito bom aspecto.

Quando ouvi dizer que se iam divorciar, nem consegui acreditar. Se um casal perfeito não conseguia ficar junto, que esperança havia para mim?

Para os nossos vizinhos, eu e o Al podíamos ter parecido o casal perfeito. A não ser que fossem suficientemente espertos para se interrogarem sobre as ervas daninhas que cresciam no nosso relvado da frente.

Podia ouvir a minha avó dizer: «Nunca se sabe o que se passa dentro de portas. Até a Miss América pode ter hemorróidas».

CAPÍTULO 28

CHEGOU O VERÃO. Como as crianças estavam num acampamento diurno, eu encontrava-me menos ocupada do que habitualmente. A minha avó sempre disse: «Mantendo-te ocupada, não arranjas problemas». Para alguém que nem sequer terminou o liceu, a minha avó sabia muito.

Quando vi o Yoram pela primeira vez na paragem da camioneta do acampamento, não sabia que trabalhava no acampamento. Pensei que era um pai divorciado. Ele olhou-me — olhou todas as mães —, como se tentasse ver o que se encontrava por baixo da roupa. Depois riu, como se tivesse visto.

O papel do Yoram era o de representante cultural de Israel. Até ao Yoram, nunca me sentira atraída por homens louros, só pelo Robert Redford em *O Nosso Amor de Ontem*, antes de ele deixar a Barbra.

De vez em quando, o Yoram punha um ar superior e brincava com o facto de eu ter tantos filhos. Eu brincava com ele pelo facto de ter tantas admiradoras.

— E por quem é que te apaixonaste hoje? — perguntava-lhe.

Uma manhã, enquanto punha as crianças na camioneta, referi ao Yoram que, no dia seguinte, ia ao museu de Arte Moderna.

— Bom — disse. — Então vou contigo. — Eu não o tinha dito como sendo um convite. Ou talvez tenha.

Na manhã seguinte, assim que a camioneta

do acampamento partiu, o Yoram surgiu junto ao meu carro.
Eu conduzi. Ele falou.

Quando chegámos ao museu, fomos logo tomar café à
cafetaria. Arranjámos uma mesa no jardim. Começou a chover.
Ficámos sentados à chuva a olhar o nu de Lachaise.

— Quero saborear-te — disse ele.

— O quê?

— Quero sentir-te — respondeu.

Comecei a rir. Ele agarrou-me o braço e forçou-o a baixar,
até à mesa. Nessa altura, estávamos os dois muito molhados.

— Estás a ver, ganhei — disse ele. — Conquistei-te e tens
de obedecer-me. Vamos embora daqui.

Quando chegámos ao carro, que eu estacionara perto do
cruzamento da Rua 51 com a Oitava Avenida, estávamos
encharcados. Os vidros estavam cheios de vapor — e nós
também.

No regresso a Nova Jérsia, nenhum de nós falou. Eu
sintonizei o 1010 WINS no rádio e ouvi o noticiário e a
meteorologia vezes sem conta.

Uma semana mais tarde, o Yoram partiu para Israel e eu
comprei mais um par de sapatos.

CAPÍTULO 29

No CARRO, ATÉ A ESSE MOMENTO, o Yoram fora sempre muito divertido.

A vida real não era divertida.

Desde o liceu que passara a vida a fantasiar sobre homens com quem queria estar. Eram todos estrelas de cinema, com a excepção do presidente Kennedy. Os meus amantes de fantasia nunca queriam mais ninguém senão eu. Também não ressonavam à noite, não arrotavam ao pequeno-almoço, não desarrumavam a sala de estar, não deixavam a casa de banho malcheirosa. E nunca me abandonaram.

Quando tinha quinze anos, o Montgomery Clift estava no topo da lista dos meus amantes de fantasia. Outras vezes, o primeiro lugar era ocupado por um jovem Marlon Brando,

pelo Gregory Peck (ambos em novo e em velho), pelo Sean
Connery (com e sem cabelo). O Al Pacino esteve uma vez no
topo da lista, apesar de, para mim, ser pequeno.
O Cary Grant nunca fez parte da lista. Não conseguia
imaginá-lo nu. Teríamos ficado os dois muito envergonhados.
Numa noite em que não consegui adormecer, pus-me a
rever a lista. Subitamente, apercebi-me: o Burt Lancaster iria
ocupar para sempre o primeiro lugar.
A primeira vez que o vi foi em *Assassinos*. Nesse filme, a
Ava Gardner traiu-o. Sempre odiei a Ava. Primeiro, fez amor
com o Burt nos filmes, depois casou-se com o Sinatra na vida
real.

Yvonne De Carlo, Lizabeth Scott, Barbara Stanwyck,
Joan Fontaine, Corinne Calvet, Virginia Mayo, Gina
Lollobrigida, Anna Magnani, Jean Simmons e Jeanne Moreau:
todas fizeram amor com o Burt nos filmes. A Deborah Kerr
nem sequer conseguiu dizer ao Cary Grant que tivera um
acidente em *O Grande Amor da Minha Vida*, mas perdeu as
estribeiras na praia com o Burt. Se ele até o fez com a Shirley
Booth, que não era beleza nenhuma, então, por que não
comigo?

Na altura em que ele se atirou à Susan Sarandon em
Atlantic City, já tanto eu como o Burt tínhamos cabelos brancos
e ele continuava a atrair-me. Merecia o primeiro lugar.

Devia ter ido para a cama com vídeos do Burt Lancaster.
Talvez tivesse acabado muito mais feliz.

CAPÍTULO 30

SEMPRE QUE ALGUÉM FAZIA algum comentário sobre os meus grandes olhos, eu sabia que os herdara do meu pai. A última vez que o vi, tinha doze anos. Abandonou-me a mim e à minha irmã no mesmo ano em que a minha mãe morreu. Na realidade, não nos abandonou. Nós é que o fizemos. O que também não é verdade. Os meus avós levaram-me a mim e à minha irmã, para irmos viver com eles.

De cada vez que se reunia, a minha família chorava a perda da minha mãe. Ninguém chorou a perda do meu pai. Deve ter feito alguma coisa horrível para os fazer reagir assim. A mim, nunca me fez nada horrível.

O meu pai voltou a entrar na minha vida quando eu menos o esperava.

Eu estava a comprar um broche com um camafeu para o

vigésimo quinto aniversário da minha filha na joalharia da Rua
Canal .

— Ponho o cheque à ordem de quem? — perguntei ao
homem que estava por trás do balcão.

— De Charlie Scholar — respondeu.

Pousei a caneta. Ouvira este nome, há muito tempo.

Estava a tremer quando olhei para o homem que estava atrás
do balcão.

— Vai pensar que sou doida — disse, — mas parece-me
que conheço o seu nome, do passado. Alguma vez conheceu
uma pessoa chamada... — e disse o nome do meu pai.

— É meu tio — disse o homem.

— É meu pai — disse-lhe.

Nesse momento, não fui capaz de ouvir mais nada.

Era sexta-feira. Charlie Scholar aceitou encontrar-se
comigo segunda-feira à tarde. No sábado e no domingo
maldisse-me uma centena de vezes por minuto por não ter feito
a pergunta importante.

Segunda-feira à tarde chegou. Encontrei-me com Charlie
Scholar e fizemos conversa de circunstância durante uns
minutos. Depois perguntei-lhe.

— O teu pai morreu há duas semanas — disse.

Mostrou-me uma fotografia recente do meu pai. Tinha
uns olhos tão pequenos.

CAPÍTULO 31

SABIA QUE OS MEUS FILHOS tinham muita sorte por terem um pai que os amava, que os apoiava. Eu também gostava de tudo o que tinha a ver com as crianças. Mas os meus últimos quatro anos de casamento foram um desastre. Eu tinha lido que os cabelos crescem cerca de três centímetros por ano, um pouco mais no Verão. Uma noite, cortei doze centímetros ao meu cabelo.

A natureza precária do trabalho do Al significava que eu tinha que arranjar um emprego melhor. Fui contratada por um centro comunitário com fins não-lucrativos, como consultora de comunicações. Tinha adquirido facilidade em comunicar com toda a gente, excepto com o meu marido.

Teria o meu próprio escritório e ganharia treze mil dólares. Nunca recebera tanto dinheiro.

Capítulo 32

Quando entrei no pequeno escritório que seria o meu, estava um homem sentado à minha secretária. Não olhou para cima. Apresentei-me e disse:

— Penso que está sentado à minha secretária. Penso que está sentado na minha cadeira.

— Ao que é que estamos a brincar, à Goldilocks e os Três Ursos? — disse ele. Depois perguntou: — Sabe abrir este raio de coisa? — Tinha um tubo de cola na mão. — Porra — disse, e foi-se embora. Não era o Cary Grant. Nunca nenhum homem meu conhecido falara assim.

Mais tarde, nesse mesmo dia, descobri que se chamava Stanley. Sem dúvida, um parente de Stanley Kowalski. Era o administrador artístico e dirigia o teatro do centro. Dizia-se que era o Errol Flynn do condado de Essex.

Sempre pensei que os homens tinham uma lista curta no que dizia respeito às mulheres: boa cara, boa figura, boa personalidade, boa na cama. Com duas das coisas, apaixonavam-se. No que dizia respeito aos homens, a minha lista era ainda mais comprida do que a da princesa Turandot. Cobria tudo, desde ser brilhante até ser Democrata. Sem qualquer dúvida, o Stanley não entrava na lista.

Mais perto dos cinquenta do que dos vinte anos, pensei que, com a minha idade, procurar o amor era irrealista. Era demasiado tarde para que alguém me fizesse sentir o que me fazia uma canção do Sinatra.

Já ninguém andaria por aí à minha procura. Já não era coisa que valesse a pena.

C A P Í T U L O   3 3

O S MESES PASSARAM-SE. Em casa mantinha-se o *status quo*. O trabalho corria bem. Até já me estava a habituar a trabalhar com o Stanley. Quando não estava no seu gabinete, o primeiro lugar para onde telefonava para o encontrar, era a sauna do Health Club masculino do centro. Os seus amigos íntimos da sauna, quase todos empresários reformados, pensavam ter a resposta para todos os problemas. Dos conselhos que davam para se encontrar o amor, nem vale a pena falar.

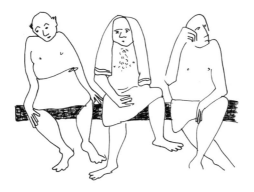

Se as piadas que o Stanley trazia do Health Club masculino eram uma indicação, o seu conselho não seria de grande ajuda. Tentavam superar-se uns aos outros com tiradas do género Henny Youngman: «A minha mulher fugiu com o meu melhor amigo e, deixem que vos diga, tenho saudades dele».

Era certo que eu não tinha conselhos a dar a ninguém. Em especial às minhas filhas adolescentes, que estavam com os seus próprios problemas amorosos. Se me perguntassem, não saberia o que dizer-lhes. Certifiquem-se de que ele vos ama mais do que vocês a ele? A paixão morre — o melhor é tratarem da vossa licenciatura? Descubram se o pai dele é do género de andar por aí?

A minha avó teria dito: «É tão fácil apaixonar-nos por um homem rico como por um pobre».

Tive sorte, não mo perguntaram.

Capítulo 34

SEMPRE PENSEI QUE, se conseguisse arranjar a tonalidade certa de batom, o tipo certo de blush, uma máscara que não borrasse, se o meu cabelo não frisasse, se conseguisse arranjar a roupa certa, toda a minha vida mudaria. Qualquer coisa maravilhosa aconteceria. Experimentei novos perfumes. Diferentes maneiras de depilar as sobrancelhas. Chegava a casa vinda do centro comercial com sacos de compras cheios de artigos de maquilhagem do Bloomingsdale. Não interessava que a minha avó sempre dissesse: «Se a beleza trouxesse felicidade, a Elizabeth Taylor não precisaria de tantos maridos».

Num impulso, numa sexta-feira à tarde, decidi pintar o cabelo. Quando cheguei ao Shop Rite, não consegui decidir-me entre o L'Oréal e o Clairol, por isso comprei os dois. Utilizei o

Clairol, timidamente, e, no sábado de manhã, fiquei tão
contente com o resultado que decidi usar o L'Oréal no sábado à
noite. Uma vez mais, a minha avó tinha razão. Não exageres,
costumava dizer.

A minha cabeça parecia uma chaleira de cobre, com a
excepção de uma longa faixa vermelha do lado direito. Além de
usar chapéus ou lenços, ou de encontrar um convento onde as
freiras ainda usassem hábito, não fazia ideia do que fazer. Os
cabeleireiros estavam completamente fora de questão.

As crianças ficaram furiosas. Queriam uma mãe que não
sobressaísse da multidão e não uma cuja cabeça resplandecia.
O Al não reparou. Sobrevivi ao domingo. Estava a nevar e toda
a gente usava chapéu.

Na segunda-feira de manhã, fui trabalhar uma hora mais
cedo para que ninguém me visse entrar.

A meio da manhã, o Stanley irrompeu na sala enquanto eu arrumava uns livros. Era tarde de mais para me esconder debaixo da secretária. Deve ter visto toda a parte de trás, mas não a faixa vermelha. Quando me voltei, perguntou-me por uns recortes da imprensa, de uma maneira muito terra a terra. Eu só queria que ele dissesse qualquer coisa sobre o meu cabelo para que o assunto ficasse arrumado.

— O que é que se passa? — perguntou.

— Não sejas sarcástico!

— De que estás a falar?

— Do meu cabelo — murmurei.

— Estás maravilhosa — disse.

Devia parecer um cocker spaniel a precisar de festas. Avançou para trás da minha secretária, levantou-me da cadeira e deu-me o abraço por que eu esperara toda a vida.

Se mais homens abraçassem as mulheres e lhes dissessem que elas estavam maravilhosas quando o não estavam, haveria muitos menos divórcios. A minha avó não dizia isso. Eu digo.

Nessa noite, pensei muito sobre o Stanley. Era o oposto de todos os homens por quem me sentia atraída.

Era capaz de relacionar-me com um homem que me mentia e me enganava.

Era capaz de relacionar-me com um intelectual

atormentado que se preocupava mais com a poesia do que comigo.

Era capaz de relacionar-me com um artista frustrado que parecia mais interessado na cor ocre do que em mim. Estava a ter dificuldade em relacionar-me com o Stanley. Continuei à procura do seu lado obscuro, mas não o consegui encontrar. Os seus sentimentos estavam todos à superfície.

Como é que poderia sentir-me alguma vez atraída por alguém como o Stanley, se sempre pensara como a Blanche DuBois: «Não quero realismo. Quero magia!»

CAPÍTULO 35

QUANDO ESTAVA NA ESCOLA, se não fizessem a chamada de manhã, ninguém saberia que eu estava lá. Um dia, tivemos uma professora substituta. Quando passou pela minha carteira, fez-me uma festa na cabeça. Pensei muitas vezes nela ao longo dos anos.

Quando o Stanley me abraçou, voltei a pensar nela.

Em Dezembro, perguntei ao Stanley se queria ir comigo para a cama. Bem vi que ficou chocado. Eu também fiquei. Foi a primeira vez na vida que me declarei.

Graças a Deus, não estava na terapia de grupo e, mais tarde, não teria que explicar este erro.

O que estás tu a fazer aqui, perguntei-me durante o
silencioso percurso para o motel de outra cidade. Esta frase
parecia um coral grego de vozes perseguindo-me pela vida fora.
Vi uma vez a representação de uma comédia e nunca
esqueci um dos seus quadros. Quatro raparigas discutiam os
méritos de Phil Donahue e de Richard Gere. Viraram-se para o
público e perguntaram:

— Miúdas, com quem é que preferiam estar? Com o
Donahue, que percebe da síndrome pré-menstrual, muda as
fraldas do bebé, faz o jantar e lava a louça? Ou com o Gere, a
apontar para o meio das pernas e a dizer: «Toma lá, miúda!»
O público ficou ao rubro. Não aplaudi. Devia.

Quando saímos do
motel, flutuava de tal
maneira que podia ter
estado num quadro de
Chagall.

O que aprendi na
faculdade continuava a ser
verdade. Com as relações sexuais,
não se pode dar meia volta. Comecei a
comprar *lingerie* em vez de roupa interior.
Olhava-me ao espelho e, em vez de ver
quem eu era — a mulher do Al e a mãe de

cinco crianças — a pessoa que me olhava de volta era uma mulher que eu não conhecia. Hester Prynne.

Estava a ter uma aventura. Mas ser-se judeu é estar-se habituado a conviver com a culpa.

As aventuras são maravilhosas. Se não magoarem outras pessoas. O secretismo. O desejo. A paixão. Ter uma aventura é

como ter um convidado muito especial, como Charlton Heston, em nossa casa. Comportamo-nos sempre da melhor maneira. Somos sempre encantadores. Há sempre coisas sobre que falar. E estamos sempre com boa aparência. O Stanley nunca me viu sem máscara ou com alfinetes na camisa de noite. Nunca tive de comprar-lhe shampô contra a caspa ou lavar-lhe as calças de montar.

À medida que o tempo foi passando, tanto eu como o Stanley percebemos que as nossas necessidades eram mais simples do que o que qualquer de nós pensara. Ele não precisava de ser um Lotário. Eu não precisava de estar com alguém que tinha tudo o que eu não tinha.

Ambos procurávamos apenas o amor.

O Stanley não tinha o corpo de um deus grego. Não sabia ler poesia francesa nem alemã. Não tinha dons artísticos. Não parecia o Burt Lancaster. E isso não tinha importância.

Sempre pensara que bastava aquiescer para ser amada. Que se dissesse sempre que sim ao Jeffrey, ele amar-me-ia. Que se não me intrometesse no trabalho do professor, ele amar-me-ia. Que se pusesse o frasco do Ketchup na mão do Al mesmo antes de ele o pedir, ele amar-me-ia.

O Stanley não tinha estas necessidades. Ou, se calhar, na altura em que eu conheci o Stanley, as nossas necessidades e os nossos anseios já tinham mudado.

Estava a ser egoísta? A mãe do Al teria indubitavelmente dito que sim. Os meus filhos teriam provavelmente dito que sim. Não sei bem o que teria dito a Gloria Steinem. As minhas amigas teriam dito: «Não hesites!» A minha avó teria dito: «Para quê arranjar problemas?»

Não precisava de ligar a telefonia para ouvir o Sinatra. Estava dentro da minha cabeça. Mas, apesar de o Stanley estar a viver um casamento infeliz, continuava a ser o marido de outra pessoa e eu a mulher do Al. A Ingrid Bergman teve que sair do país para ficar com o Rossellini. Ninguém pensa hoje duas vezes nas coisas que a Madonna faz. Mas eu não era uma estrela do cinema.

Apesar de ser Gémeos, não conseguia viver uma vida dupla. Disse ao Al que eu e o Stanley estávamos apaixonados. Desta vez, ouviu-me.

CAPÍTULO 36

Quando alguém gosta de uma flor, da qual apenas um
único botão floresce entre todos os milhões e milhões de
estrelas, fica feliz só por olhar para as estrelas. Pode
dizer para si mesmo: «A minha flor está algures ali».

SEMPRE ACREDITEI NESTA PASSAGEM do *Principezinho*, mas
soube que não era verdade quando o Stanley teve de ir passar
duas semanas à Califórnia. Eu precisava da minha flor de meia-
-idade e de noventa e cinco quilos.

O Stanley e a mulher separaram-se, depois divorciaram-
-se. Ao contrário do Muro de Berlim, que foi deitado abaixo, a
parede entre mim e o Al apenas se desmoronou.

Capítulo 37

Mas continuei a ser cautelosa.

A revista *New York* publicou um artigo especial sobre médiuns. Toda a gente do meu trabalho ia consultar um determinado médium que se chamava Mr. Bill, de Spring Valley, Nova Iorque. Marquei uma consulta.

Mr. Bill disse-me que, numa vida anterior, eu e o Stanley havíamos sido irmã e irmão, tínhamos tomado conta um do outro e que sempre o faríamos. Descobri tudo isso em menos de uma hora e por menos de cem dólares. E podia fumar.

Devido à minha trajectória, ainda estava desconfiada. A minha avó sempre me disse: «Pede uma segunda opinião». Fui a uma astróloga.

Quando falámos sobre o Stanley, a astróloga disse-me que o Sol do Stanley se cruzava com o meu Neptuno exactamente

aos onze graus. Mas o meu Saturno estava em oposição ao seu
Sol. Mas estava tudo bem porque o seu Júpiter estava em
conjunção com o meu Sol. E nas nossas cartas, Vénus estava
em Leão. Tínhamos sido irmão e irmã numa vida anterior.
Dei-lhe cem dólares.

Perguntei-me se Elizabeth Taylor tinha tido tão bons
conselheiros quando trocou o Eddie Fisher pelo Richard
Burton.

Nem tudo era perfeito. O Stanley gostava de música
clássica. Eu gostava de feiras da ladra. Mas estabelecemos um
acordo. Por cada concerto a que eu fosse, ele tinha que ir a um
lugar onde não queria ir.

Levou-me a ouvir o Beaux Arts Trio. Levei-o à Feira de Rua da 3ª Avenida. Levou-me a ouvir o Quarteto de Cordas de Tóquio. Levei-o à feira da ladra do Soho.

CAPÍTULO 38

CONTINUO A AMAR O SINATRA. Posso estar a conduzir o carro, preocupada com tudo, depois ligo a WQEW. Se o Jonathan Schwartz estiver em antena, mais tarde ou mais cedo acaba por passar o Sinatra. Sempre que o ouço cantar, começo a pensar na rapariga que fui e acabo a pensar no Stanley.

No liceu, quando era já sénior, nunca pensei que só fosse encontrar o amor quando fosse praticamente uma cidadã sénior.

Eu e o Stanley estamos a envelhecer lado a lado. Ainda andamos na rua de mão dada.

Deixámos os dois de fumar.

Começámos os dois a ansiar por comida chinesa. Perdemos ambos alguns quilos.

Discutimos por causa da maneira como o outro conduz, por causa do filme que vamos ver, por causa do restaurante onde vamos comer e por causa da soma de dinheiro que vamos gastar com isso tudo.

Mas nunca discutimos por causa do Sinatra. E não há ninguém no mundo que eu preferisse ter ao meu lado na cama todas as noites. Nem sequer o Burt.

Quando era mais nova, nunca pensei que duas pessoas tão imperfeitas pudessem ser tão perfeitas uma para a outra.

A minha avó sabia do que estava a falar quando dizia: «Se temos que fazer o pino para tornar alguém feliz, o resultado só pode ser uma grande dor de cabeça».

Há muito tempo que não tenho dor de cabeça.

Autorizações

Os que se seguem autorizaram generosamente que citasse extractos de obras com direitos de autor.

MÚSICAS: «It's you I like», de Fred M. Rogers. © 1970 por Fred M. Rogers. Utilização autorizada. «Night and Day», letra e música de Cole Porter. © 1932 (renovado) Warner Bros. Inc. Todos os direitos reservados. Utilização autorizada. Warner Bros. Publications U.S. Inc., Miami, FL 33014. «Taking a Chance on Love», por Vernon Duke, John LaTouche e Ted Fetter. © 1940 (renovado) EMI Miller Catalog Inc. Todos os direitos reservados. Utilização autorizada. Warner Bros. Publications U.S. Inc., Miami, FL 33014.

TEXTOS: Excerto de *Estranho Interlúdio* de Eugene O'Neill, in *The Plays of Eugene O'Neill* por Eugene O'Neill. © 1959 de Eugene O'Neill. Reimpressão autorizada por Vintage Books, um departamento da Random House Inc. Excerto de *Um Telefonema* de Dorothy Parker in *The Portable Dorothy Parker* por Dorothy Parker, Introdução de Brendam Gill. © 1928, renovado em © 1956 por Dorothy Parker. Utilização autorizada pela Viking Penguin, um departamento de Penguin Books USA. Excerto de o *Principezinho* de Antoine Saint-Exupery. © 1943 e renovado © 1971 por Harcourt Brace & Company. Reimpresso com autorização do editor. Excerto de «Sunday Morning» de Wallace Stevens in *Collected Poems by Wallace Stevens*. © 1923 e renovado © 1951 por Wallace Stevens. Reimpressão autorizada por Alfred A. Knopf Inc.